最小の経費で最大の集客を
実現する販促戦略とは？

「0円販促」を実現する法

HOW TO PROMOTE YOUR BUSINESS
AT ZERO COST

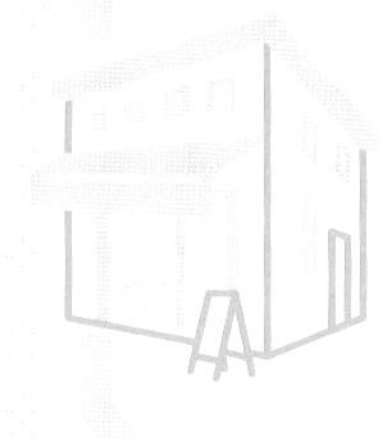

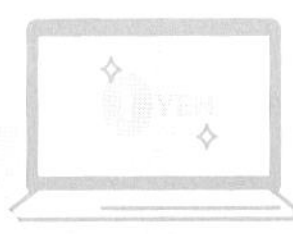

米満 和彦＝著

同文舘出版

まえがき　「空から商品が飛んできた！」

子供が空を見上げて言いました。

「パパ、あれは何？」

すると、お父さんは優しく説明しました。

「あれは商品だよ。今朝、お前が注文した本が空から飛んできたんだよ」


そう遠くない未来に、このような光景は一般的になるでしょう。

アマゾンをはじめ世界の大企業は、数年前からドローンを使った配送実験を行なっており、近い将来、ドローン配送が当たり前の世の中がやってくるはずです。

これは、私たちが子供の頃に読んだ科学雑誌の近未来の世界そのものです。そんな驚くべき世の中に生きている私たちは、ビジネスに対する考え方を一度整理する必要がありそうです。

たとえば、これまでアマゾンに対して町の本屋さんには大きな強みがありました。

それは「本を選ぶ楽しさ」と「ほしい本がすぐに手に入ること」でした。

しかし、アマゾンは今、本の一部を公開したり、おすすめの書籍を提案することで「本を選ぶ楽しさ」を提供しています。

また、これまでのインターネット通販では、商品が手元に届くのは最短でも翌日でしたが、先述した通り、ドローン配送が実現すれば、その日のうちに商品を入手することが可能となります。エリアによっては、注文から30分以内に商品が届くことも夢ではありません。

事実、東京や一部の地域では、すでに数時間で商品が届くサービスも行なわれています。

つまり、利便性では到底大企業に勝つことができないということです。

この現象は他の業界でも見られます。

今では、洋服も、家電製品も、車もすべてインターネットで購入することができます。

最近は、医療の世界でもインターネットを活用した遠隔治療が始まっていますから、すでに時間と空間の概念はなくなりつつあります。

そんな驚くべき世の中で、私たち中小企業が生き残る道はあるのでしょうか？

すべてがインターネットと大企業の経済の渦に飲み込まれていくのではないでしょうか？


いいえ、あります。私たち中小企業が力強く生き残っていく方法が。

おそらくそれは、いくらインターネットが進化してもカバーしきれない領域であり、

１００年先も残るであろうビジネスのあり方と言えます。

しかも、これが実現すると、販売者もお客様も幸せになっていきます。

まさに理想の経営が実現するのです。

本書では、その理想の経営を**「０円販促経営」**と名付けて、これが実現する方法をわかりやすく解説していきます。


ビジネスでは、まず最初にお客様を獲得しなければなりません。そのために必要なのが広告です。

そこで1章では、広告をつくる前に準備するべきポイントについて解説します。いきなり広告をつくるのではなく、しっかりと準備運動をすることで、広告の反応率を高めます。

2章では、売れる広告のつくり方を説明します。消費者が反応するポイントを押さえることで、反応率が高い広告……つまり、低コストで集客できる広告をつくっていきます。

3章では、そこで得られたお客様に対して魅力的なアプローチをすることで、お客様のリピート率を上げていきます。これにより、お店の利益率は大幅に上がっていきます。

さらに4章では、お客様の信頼感と満足度を上げ、「さらなる提案」を行なうことで、あなたのお店の利益を最大化させていきます。

その結果、あなたのお店では「0円販促経営」が実現することになります。
それらすべての工程を、わかりやすく解説していきます。

しかし、本を読んだだけでは何も変わりません。
そこで、最後の章となる5章では「行動の重要性」について、私の体験談も交えてお話しいたします。

また、各章の最後の部分ではコラム形式で**「0円または低コストで売上げを上げる販促ノウハウ」**を書き記しました。あなたのビジネスのヒントにしていただければ幸いです。

なお、本書では「アナログ広告」を中心に、そのつくり方や配布法などを解説していますが、基本的な考え方は「アナログ広告」も「デジタル広告」も同じです。

また、コロナが収束しつつある今、世の中では「アナログ広告」の効果が見直されつつあります。

たとえば、コロナ後急速に市場を拡大してきた「飲食店のテイクアウトサービス」では、お弁当を企業にお届けした際にチラシ（アナログ広告）を手渡すことで、さらなる集客や売上アップが実現しています。会社内で人がチラシを見て追加注文をしたり、チラシに掲載されているクーポン券を利用するケースがとても増えているのです。

このように、複数の人が手軽に閲覧できるのが「アナログ広告」の特長です。

さらに、今の日本は**高齢化社会**です。とくにアクティブシニアが増えており、彼らは「アナログ広告」を好みます。

デジタル全盛の今の時代だから「デジタル広告」の人気が高まっていますが、当然のことながら競争も激化しています。

一方、「アナログ広告」はこれを実践する人が年々減っているので、逆に目立ちやすくなり、その効果が年々高まっています。

コロナが収束しつつある今の時代だからこそ、改めて「アナログ広告」の特長やメリットを再確認していただければと思います。

なお、本書で語る内容は、私がこれまで長年にわたり販売促進の仕事を行なってきた経験値と、数多くの成功経営者に取材を行ない、お聞きした成功ノウハウを分析、体系化してまとめたもので、全国の中小企業及び店舗経営者に向けて執筆いたしました。

これからビジネスを拡大させていきたいという方はもちろん、今現在ビジネスに対して多少なりとも不安を感じている方も、ぜひご一読ください。
きっと本書を読み終わった頃には光り輝く明るい未来を実感できるはずです。

さあ、「0円販促経営」を実現する旅の始まりです！

2023年2月　株式会社ザッツ　代表取締役　米満和彦

◉目次

2章 低コスト集客を成功させる7つのポイント

3章

200年以上昔から重要視されてきた商売繁盛の極意

4章 「0円販促経営」を実現しよう！

5章 真に商売繁盛を実現する販売促進

装丁・DTP　春日井恵実

1章

いきなり広告をつくってはいけません！

あの人気店のまさか⁉　の収支例

連日にぎわいを見せているあのお店。

「いったいどれくらい儲かっているのだろう?」と思ったことはありませんか?

たとえば、あなたの町にある居酒屋さん。店内には20席ほどあり、最もお客様が来店する金曜日の夜7時頃には、すべての客席が埋まっています。

1人あたり4000円支払うとして、20人で8万円。これが2回転すれば16万円。月に25日営業すると16万円×25日で、なんと400万円の売上げ!

一般的なサラリーマンの月給と比べると、思わずその金額の大きさに愕然としてしまいます。

だから、「オーナーはさぞかし裕福な暮らしをしているのだろう」と羨ましく思ったりします。

ところが、現実は少し異なるようです。お店の奥にある事務所スペースをのぞいてみましょう。

月末に経理処理をしているオーナーの表情が冴えません。ブツブツとなにやら独り言を言っています。

それにしても暗いですね～。あれほど儲かっているはずのオーナーの表情が暗く沈んでいます。その理由は……、

あまり儲かっていないから。

「え？　毎月400万円もの売上げがあれば、どう考えても儲かっているでしょう！」と思うかもしれませんが、実はそれほど儲かっていないのです。

そこで、一般的な居酒屋さんの**収支例**をご説明します。

まず前提条件として、地方の一般的な居酒屋が毎日2回転することは難しいですね。最もお客様が来店する週末ならあり得るかもしれませんが、週はじめの月曜日～水曜日あたりは1回転しかしないかもしれません。

そこで、2回転で16万円、1回転なら8万円なので、平均値として毎日12万円の売上げ（1・5回転）が上がっているとして計算します。つまり、月25日営業して**300万円の売上げ**ということです。

これに対して、いったいどれくらいの支払い（経費）があると思いますか？　本当に儲かっているかどうかは利益を見なければ判断できません。利益は**「売上げ－経費」**ですから、支払い（経費）の金額がわかれば、そのお店が儲かっているかどうかが判断できます。

まず、飲食店に欠かせない経費が**食材**です。料理をつくる材料ですね。

食材費は「売上げの30～35％」が一般的と言われてますから、これだけで１００万円が差し引かれます。残りは２００万円です。

次に必要な経費は**人件費**です。当然のことながら、スタッフがいなければお店を運営することはできません。

20席ほどのお店であれば、オーナー以外に最低３人のアルバイトが必要でしょう。オーナーが調理をするとして、調理補助で1人、ホールスタッフが2人くらいのイメージです。

最近は、時給１０００円でもなかなかアルバイト生が見つからない時代なので、時給１３００円として、１日6時間働いてもらった場合は７８００円。月に25日働いてもらうと19万５０００円です。

これが３人分なので約60万円。

これで、残りは１４０万円となりました。う～ん、だんだん心細くなってきましたね。

でも、まだあります。支払うべき経費はまだまだあるのです。

まず、**広告費**。食べログ等のポータルサイトに広告を出稿している場合は、毎月10万円ほどの掲載料がかかります。

しかも、ポータルサイト経由で来店したお客様の多くが、**割引クーポン券**を持参します。割引にかかる経費を売上げ全体の10％で計算すると30万円が差し引かれます。

これで残り１００万円。いよいよ焦ってきました！

しかし、これで終わりではありません。**家賃**もあります。自分の土地か、よほどの田舎でない限り、20席くらいのお店であれば、毎月30万円くらいの家賃が相場でしょうか。

さらに、**水道代**や**光熱費**もかかります。これらを毎月10万円で計算すると……

最終的に60万円しか残りません。

あれほど儲かっているように見えたあのお店が、実は毎月60万円の利益しか残っていなかったのです。もちろん、ここからオーナーの給料を捻出しなければならないし、開店時の融資の返済など、何かしらの借金の返済もあるでしょう。

さらに恐怖は続きます。お店を経営していると**税金**や**保険金**を支払う必要があります。社会保険料や法人税（個人の場合は所得税）、消費税や雇用保険などなど。平均すると毎月数十万円の支払いが次々とやってきます。もう計算する気力すら起こりません……。

毎日、レジにはあれほどたくさんの紙幣が入ってくるのに、月末に経理処理をすると1円の現金も残っていない……。それどころか、さまざまな支払いのために**借金**をする経営者も少なくありません。なぜ、このような状況に陥ってしまうのでしょうか？

それは、利益に対する意識が低いからです。

利益に対する意識が低く、「売上げさえ上げていればそれでOK」と考えている経営者が陥りがちな失敗パターンです。

もちろん、売上げも大切な要素ではありますが、それ以上に大切なのが**利益**です。

それでは、どうすれば利益が増えるのでしょうか？

その方法について、本書でわかりやすく説明してまいります。

「え？　この本は0円販促をテーマにした本ではないの？」と感じたかもしれませんね。

はい。大丈夫です。

「利益アップ」を追求していけば、自然と「0円販促」に行き着くのです。

つまり、「利益アップ」と「0円販促」はほぼ同義語なのです。

今は、その意味がよくわからないかもしれませんが、あまり気にせずにこのまま読み進めてください。本書を読み終わった頃には、「利益アップ」と「0円販促」が同義語であることをご理解いただけるはずです。

ただし、忘れてはならないことがあります。

それは、「利益アップ」を目指すときに欠かせないのが**お客様の存在**であるということです。そもそも、お客様の数が少なければ利益を増やすことはできませんからね。

時々、利益を増やすために人件費や家賃などの経費を極限まで下げる努力をしている経営者がいますが、まだ売上げが低い段階で過度な経費削減に取り組むのはおすすめできません。

会社の存在意義は「利益の追求」ですから、まず最初にするべきことは**「売上アップ」**です。ある程度の売上げがないと、いくら経費削減をしても利益は増えないし、逆に多くの売上げが得られればほとんどの問題は解決します。

繰り返しますが、本書のテーマは「0円販促」です。つまり、最終的な目標は販売促進の経費を0円にするということですが、まず最初にやるべきことは「売上アップ」です。

そこで1～2章では、お客様数を増やすために**「売れる広告のつくり方」**についてわかりやすく解説していきます。

全体的な流れとしては、まず最初に客数を増やし、そのお客様に魅力的なアプローチをしていくことで利益を増やし、最終的に「0円販促経営」を実現していただきます。

実際のお店の事例や私の体験談なども盛り込みながらわかりやすく解説していきますので、じっくりとお読みください。

「0円販促経営」を実現する旅がいよいよ始まりました!

「受験生の子供を持つそこの奥さん!」で反応率アップ

広告をつくるときに、必ず意識してほしいことがあります。それは、**いきなり広告をつくらない**ということ。

イベントやキャンペーンの内容と、そこで販売する商品が決まったら、いきなりチラシなどの広告をつくり始める人がいますが、これは危険です。家をつくる大工さんが設計図なしでいきなり家をつくり始めるようなものですからね。

家づくりと同様、広告をつくるときは、最初に**広告の設計図**をつくる必要があります。具体的に説明してまいります。

まず最初に決めるべきことは、**顧客ターゲット**です。

どのような人に商品を販売したいのか……。つまり、あなたが望む**理想のお客様像**を決めなければいけません。

たとえば、あなたが道を歩いているときに、誰かから「そこのあなた！」と声をかけられたとします。あなたは振り返りますか？　それよりも「紺色のスーツを着ているそこのあなた！」と呼ばれたほうが、振り返る確率は上がりますよね。

このように、人はより具体的な言葉で呼ばれたほうが**「自分のこと」**と感じるようになるので反応しやすくなります。

これは広告も同じです。

「そこのあなた！」と呼びかける広告ではなく、**「受験生の子供を持つそこの奥さん！」**というふうに、より具体的に呼びかけるイメージで広告をつくるようにしてください。間違いなく広告の反応率は上がります。

ここで必要となるのが、**顧客ターゲットの明確化**です。

「そこのあなた！」は、お客様なら誰でもＯＫという考え方ですが、これでは誰も振り向いてくれません。

これを、「受験生の子供を持つそこの奥さん！」に変える必要があります。つまり、顧客ターゲットを明確にするということです。

そこで、**顧客ターゲットを決める手順**をご説明します。

たとえば、あなたのお店が美容室の場合、あなたのお店に来てほしい客層が「20～30歳代の若い女性」なのか、「50歳代以上の大人の女性」なのかを決めてください。

そして、決まった顧客ターゲット層をスタッフと共有します。

ここで、顧客ターゲット層が「50歳代以上の大人の女性」と決まれば、大人の女性が喜ぶメニューを開発したり、落ち着いた店内装飾にしたり、店内ＢＧＭを大人向けにすることで、「50歳代以上の大人の女性」が喜ぶ店づくりができるようになります。

もちろん、広告も「50歳代以上の大人の女性」を意識してつくりましょう。

落ち着いたデザインにしたり、この年代になると老眼が始まる人も多いのでやや大きめの文字にすることで、「これは私に向けた広告だ」と感じられるようになります。

このような広告を配れば配るほど、ターゲットのお客様がどんどん反応してくれるようになります。大人の女性が喜ぶ広告と店づくりをしているわけですから当然ですよね。

しかし、ときどきターゲット以外のお客様が来店するかもしれません。その場合は、笑顔で歓迎しましょう。顧客ターゲットを「50歳代以上」と決めたからといって、それ以外のお客様を入店禁止にする必要はありません。顧客ターゲットは、あくまでお店側で決めたルールであり、それをお客様に公表する必要はありません。

ところが、「50歳代以上」を意識した魅力的なお店ができると、40歳代後半や60歳代前半の女性が来店する可能性は十分にあります。「もっとエレガントになりたい」と考える40歳代後半の女性や、「もっと若々しくなりたい」と考える60歳代前半の女性などの来店です。顧客ターゲットの**前後5歳くらい**が反応するようになるはずです。

「しかし、ターゲットを絞れば来店客数が減ってしまうのでは?」と感じる方もいるでしょう。

顧客ターゲットを絞るということはとても勇気が必要なことなので、そのように感じることも理解できます。

「50歳代以上」とするよりも、「誰でもOK」としたほうが、より多くのお客様が来店するだろうと感じますよね。

でも、心配する必要はありません。ほとんどの場合、ターゲットを絞っても客数が減ることはありません。むしろ、顧客ターゲットを絞ったほうが来店客は増えます。その理由をご説明します。

ターゲットを定めず、**「誰でもOK」のお店には特徴がありません**。

店づくりにおいても広告づくりにおいても、顧客ターゲットが決まっていないので、特徴を出すことができないからです。

そのような印象が薄いお店は、若い女性からは「おばさんが行くお店」という印象になり、大人の女性からは、「若者が行くお店」という印象になる可能性があります。つまり、**すべての年代から支持されない状態**になってしまう危険性があるということです。

これは、冒頭でお話しした「そこのあなた！」と同じ状態です。結局、誰からも振り向いてもらえません。

しかし、「50歳代以上」を意識した魅力的なお店ができると、前後5歳くらいまで反応する可能性があるので、結果的に45～65歳代の女性が来店してくれるようになります。

世の中のメインの消費者層を20～70歳代とすると、これだけで全体の**約3分の1の層**をターゲットにすることができるのです。これだけの女性が反応してくれれば、十分ですよね。

また、そもそもあなたのお店では1日に何人のお客様に対応できますか？

一般的な美容室の場合、1日に10～20人ほど来店すれば十分ではないでしょうか？

それ以上来店しても施術できませんよね？

そう考えると、顧客ターゲットを絞ったほうが、より効率的に集客できるのは間違いありません。


顧客ターゲットを絞ることには、別のメリットもあります。

広告の反応率が上がるので広告経費が少なくてすむし、メニューや店販商品も絞ることができ（仕入れの効率化）、どんどん効率的な経営が実現するようになっていきます。

つまり、**理想的な販売促進と経営**が実現するようになるのです。


ただし、例外もあります。

過疎地などの場合はそもそも人口が少ないので、顧客ターゲットを絞り過ぎると来店客が減ってしまう危険性があるので注意してください。

それ以外の地域では、ほとんどの場合、顧客ターゲットを絞ったほうが売上げは上がります。勇気をもって、顧客ターゲットを明確にしましょう！

顧客ターゲットを明確にすると……

顧客ターゲット

50歳代以上の大人の女性

ターゲットに合った店づくり・広告づくりができる

40歳代後半の女性

60歳代前半の女性

結果的に45〜65歳※の女性が来店する可能性がある!

※世の中のメイン消費者層を20〜70歳代とすると、約3分の1もの消費者層をターゲットにできることになります

顧客ターゲットが不明確だと……

顧客ターゲット

誰でもOK

店づくりも広告づくりもぼやける

若い女性

大人の女性

結果的に、誰からも支持されないお店になってしまう……

「勝つ場所」で勝負をすれば当然勝てるんです！

次に、**勝つ場所**を明確にしましょう。

「勝つ場所」とは、あなたが広告を配った際（新聞折込やチラシポスティングなど）、**他のエリアよりも高い反応を示す場所**のことです。

「そんなことがわかれば苦労しないよ。それがわからないから、困っているんだ」と感じたあなた。高い反応を示すエリアを知ることができる、とても簡単な方法があります。

それは、**マッピング**という方法です。

まず、あなたのお店周辺の地図をインターネットで検索し、その画面を**モノクロ印刷**してください。ヤフー地図やグーグルマップなどでOKです。

次に、今現在来店していただいている来店客の住所に、赤い印（丸い点）をつけていきます。赤いボールペンでも赤いマーカーでも、何でも構いません。

すると、赤い点が多いエリアと少ないエリアがわかるようになります。この赤い点が多いエリア、つまり来店客が多いエリアが、あなたのお店が**「勝つ場所」**です。

顧客リストをエクセル表で眺めていても、どのエリアにお客様が多いのかはわかりませんが、マッピングをすると、お客様が多いエリアと少ないエリアを**可視化**できるようになります。

この可視化が、非常に重要なのです。

「私のお店はとても辺鄙な場所にあるので、お客様の所在地はバラバラなはず」「私のお店は都心部にあるので、お客様のエリアは広範囲になるはず」と思っている方も、ぜひ一度マッピングを行なってみてください。今までに想像もしていなかった**新たな発見**が得られるはずです。

もちろん、お店が都心部にある場合は、来店客が広範囲になる可能性は高いですが、それでもグローバルな視点で、お客様が多いエリアと少ないエリアを把握することができます。たとえば、電車の路線上に赤い点が多かったり、大型住宅街に赤い点が多いなど、必ずお客様が多いエリアを発見することができます。このエリアが「勝つ場所」であり、これこそが、あなたのお店が**勝負をするべき場所**なのです。

それでは、なぜお客様が多いエリアと少ないエリアに分かれると思いますか？

商圏が生まれる主な理由は、**道路や踏切、川など**です。道路や踏切、川などが存在することで、あなたのお店に**行きやすいエリア**と**行きづらいエリア**が生まれます。

次のページをご覧ください。

大きな星印があなたのお店だとして、A地点よりもB地点のほうが直線距離では近いのですが、B地点とお店の間には川が流れています。これにより、B地点に住んでいる人はお店に行きづらくなってしまいます。「魅力的なお店なら少々行きづらくても定期的に来店してくれるはずだ」と感じるかもしれませんが、そのようなお客様は**少数派**です。

話題になっているお店なので1〜2回は来店したとしても、その後定期的に来店し続ける人はあまり多くはありません。行きづらいお店に通い続けるよりも、少し魅力が落ちるお店でも、行きやすいエリアにあるお店に通い続ける人のほうが圧倒的に多いのです。

こう考えると、お店から近いエリアにお客様が集中することになります。とくに郊外にあるお店や住宅街にあるお店はその傾向が強くなります。

ただし、都心部のビジネス街にあるお店の場合は、通勤や通学途中にあるお店も行きやすいお店となります。通勤や通学途中にあり、便利だからです。

「近い」が、圧倒的に有利ではありますが、お店の立地によっては遠いエリアからも来店

マッピングで「勝つ場所」を知る

今現在来店していただいている来店客の住所に赤い印（丸い点）をつけることで、「お客様が多いエリア」と「お客様が少ないエリア」を明確にします。この「お客様が多いエリア」が、あなたのお店が「勝つ場所」です。

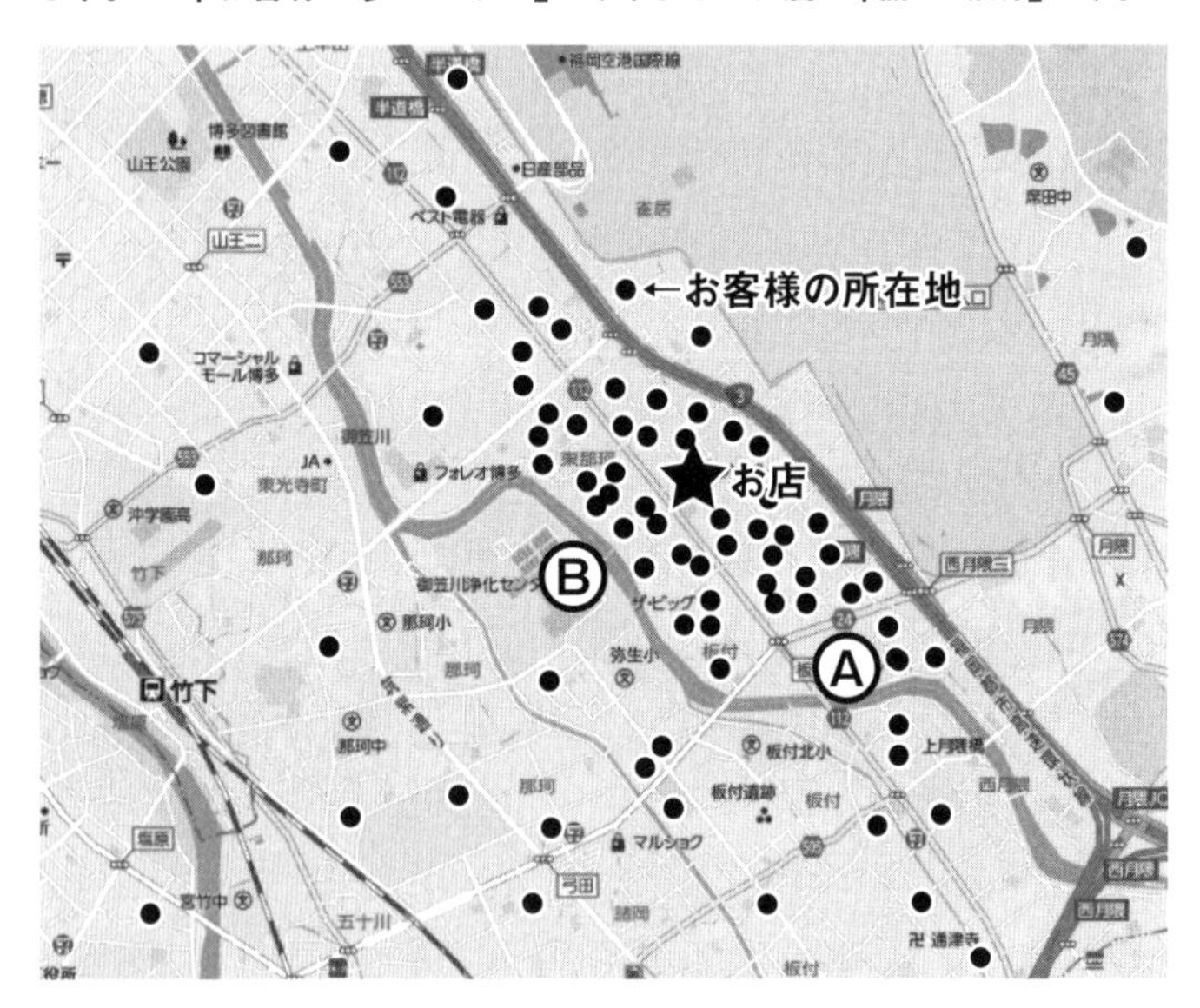

している可能性は高くなります。

このすべての状況を可視化できるのがマッピングです。頭であれこれと想像するよりも、一度マッピングを実践すれば一目瞭然です。あなたのお店の「勝つ場所」が、手に取るように理解できるようになるのです。

ここまでくると、あとは簡単です。

「勝つ場所」にどんどん広告の量を増やせばいいのです。

「勝つ場所」……つまり、お客様が多いエリアには何らかの理由があってあなたのお店に行きやすいのです。逆に、お客様が少ないエリアには何らかの理由があってあなたのお店には行きづらいのです。

だから、お客様が多いエリアに広告を配布すればするほど、新規客は増えやすくなります。なぜなら、そのエリアに住んでいる人たちにとってあなたのお店は**行きやすい**のですから。

最近は、新聞折込みやポスティング業者も細かいエリアで配布指定することができますから、「勝つ場所」に広告を集中配布するようにしてください。

これだけで反応率が上がります。

新聞折込みを行なう場合、折込会社に問い合わせをすると、営業マンが地図を片手に商談にやってきますが、その多くが、「半径2キロメートル以内に折り込むと効果的ですよ」といったアドバイスをします。半径2キロメートル……つまり、**正円**ということです。

しかし、先ほどもご説明した通り、商圏は道路や踏切、川などで分断されますから、そのほとんどが正円にはなりません。ほとんどの場合、細長い形をしていたり、ひょうたんのような形をしているものです。

しかし、折込会社の営業マンはすべてのエリアの細かい状況（道路や踏切、川などの位置）を把握しているわけではないので、あなたのお店の商圏を的確にアドバイスすることはできません。

だから、正円でアドバイスをしてしまうのです。

これを鵜呑みにしてしまうと、「勝てない場所」にも広告を折り込むことになりますから、無駄なお金を払うことになってしまいます。お客様が少ないエリアには、何らかの理由があってあなたのお店に行きづらいのですからね。反応しないのは当然です。

このようにして、まずはあなたのお店が「勝つ場所」を把握して、そのエリアに広告を集中させるようにしてください。それだけで、広告の反応率は格段に上がります。

この「勝つ場所」という考え方は、**インターネットビジネス**においても通用します。

私は全国各地でセミナーを行なっていますが、セミナー集客をする場合や、インターネット通販を行なう場合なども、「勝つ場所」を明確にすることができます。

たとえば、通信販売ではどのような**媒体**を経てお客様がやってくるのかを調べることで、**「勝つ媒体」**が明確になります。

ＳＮＳからのお客様が多いのか、検索エンジンからのお客様が多いのか、リスティング広告からのお客様が多いのかを調べましょう。

そこで、リスティング広告からのお客様が多いのであれば、リスティング広告にかける経費を増やせばいいのです。ＳＮＳからのお客様が多いのであればＳＮＳのフォロワーを増やす努力をすればいいのです。

店舗ビジネスにおける「勝つ場所」が、インターネットビジネスにおける**媒体（流入経路）**と考えて、より流入しやすい方法を強化していけば、当然お客様が増えることになります。

さらに、町には**向き**があることも覚えておきましょう。地域住民は常に**ある引力**に引き寄せられています。その引力とは、**人が集まる場所**です。

たとえば、私が住む福岡市には博多駅と天神という人が集まる2つの大きなエリアがあります。人が集まる場所には引力（のようなもの）があり、週末になれば、人々は引力に引き寄せられるようにして、博多駅や天神に集まります。この流れが「向き」です。

繰り返しますが、新規集客をする場合、まず最初に「勝つ場所」を把握し、そのエリアの広告量を増やします。すると、どんどん新規客が来店するようになるので、このお客様をリピート客化することで利益を増やしていきます。利益が増えたら、さらに商圏を広げていきます。ここで重要ポイントとなるのが「向き」です。

では、ここでクイズです。

次ページの図1の大きな星印があなたのお店のエリアであるとして、さらに商圏を広げる場合、Aのエリアに広げたほうがいいでしょうか？　それともBのエリアに広げたほうがいいでしょうか？

引力がある博多駅は左上に位置しています。

正解はBのエリアです。

なぜなら、Bのエリアに住む住民は、常に博多駅（左上のほう）に引き寄せられていますから、博多駅に行く途中にあなたのお店があり、発見しやすく（気づきやすく）なるからです。

これは、ビジネス街にあるお店の通勤途中にあるお店と同じ状態であり、行きやすいお店となります。「博多駅に行くついでに寄ってみようかな」と考える人が増えるのです。

図1

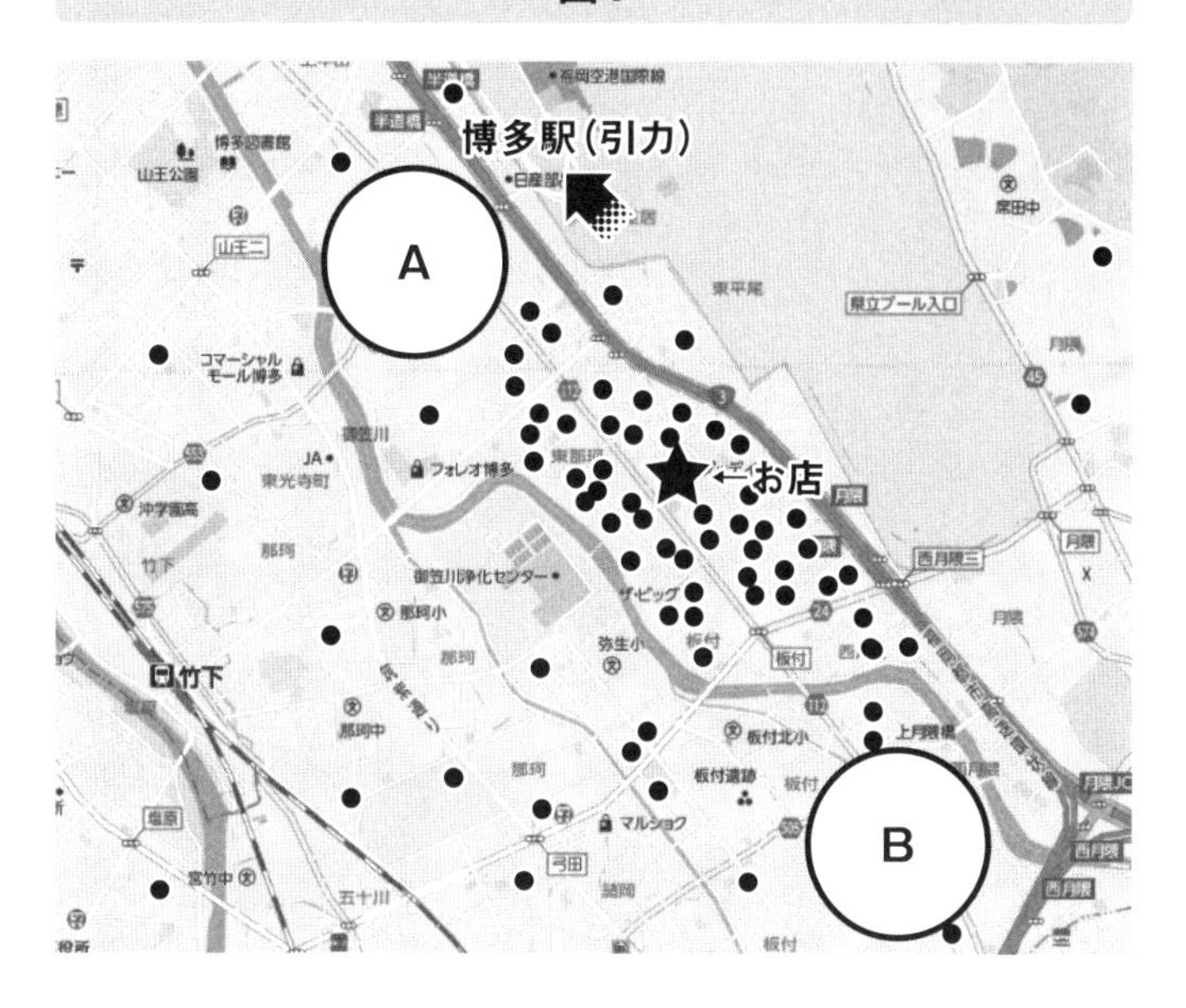

博多駅（引力）
A
お店
B

図2

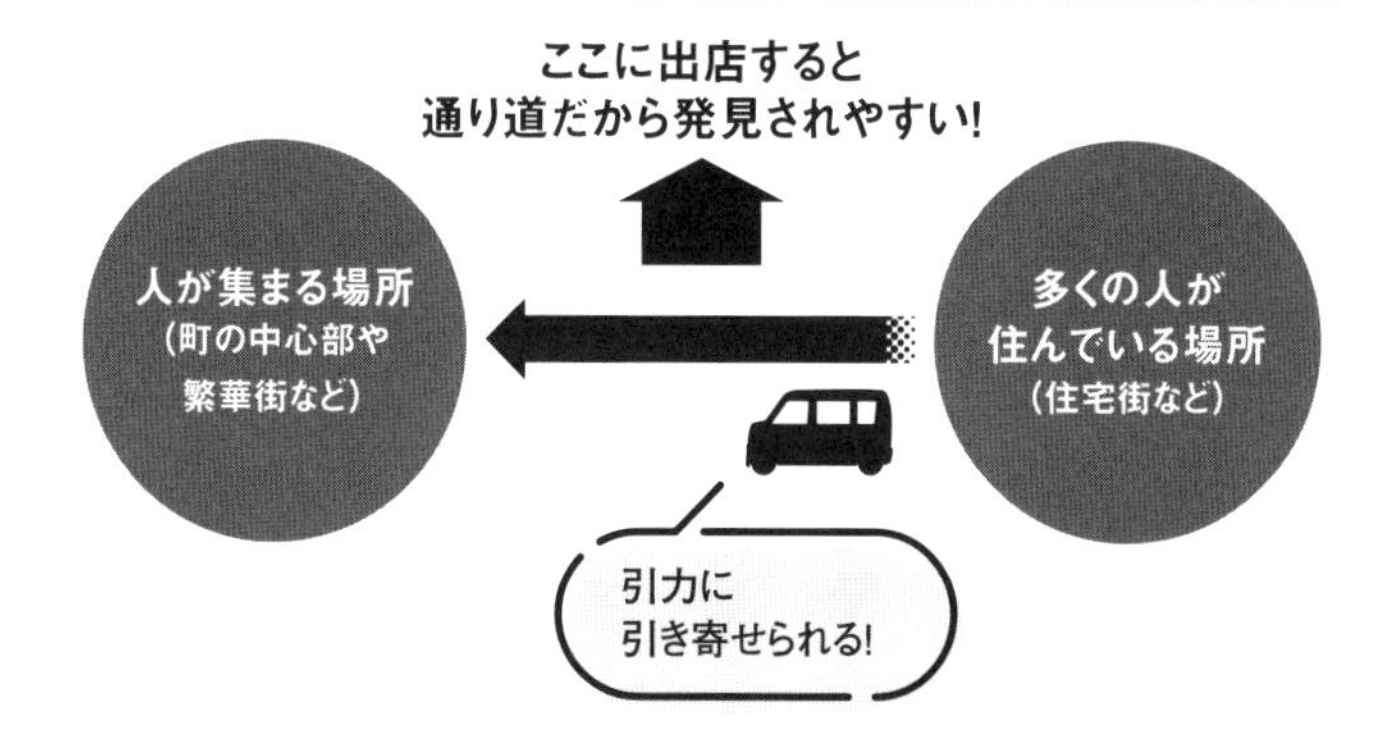

ここに出店すると
通り道だから発見されやすい！
人が集まる場所
（町の中心部や
繁華街など）
多くの人が
住んでいる場所
（住宅街など）
引力に
引き寄せられる！

しかし、Aに住む住民は、なかなかあなたのお店を発見することができません。常に博多駅（左上のほう）に引き寄せられていて、あなたのお店に気づきにくいからです。

このように、商圏を広げる場合は**「人が集まる場所」の反対方向に伸ばしていけばいいのです**。

この考え方は、**店舗を新規出店する場合**にも役立ちます。

たとえば、前ページの図2のように「人が集まる場所」と「大型住宅街」の間にお店を出店すれば、大型住宅街に住む住民にとってあなたのお店は行きやすい場所になりますから、新規客が増えやすくなります。

実際に、出店計画の際に、この「町の向き」を視野に入れながら出店し続けている経営者もいます。そのお店では、ほとんど広告費をかけずに新規客を増やし続けることに成功しているそうです。

理想のお客様が、のどから手が出るほどほしい商品をつくる

理想の顧客ターゲットが決まり、「勝つ場所」が明確になったら、いよいよチラシやパン

フレットを作成して配布スタート！ ……と言いたいところですが、チラシを作成する前に、ひとつ**確認するべきポイント**があります。

ある意味、この部分が最も重要なポイントと言えます。それは……、

お客様がのどから手が出るほどほしい商品をつくること。

「何を当たり前のことを言っているの？」と感じるかもしれませんが、世の中で販売されている多くの商品・サービスは、残念ながらこれに当てはまりません。

もちろん、今現在売れている商品は「お客様がのどから手が出るほどほしい商品」であるから売れているわけですが、売れている商品の影には売れていない商品がたくさんあります。むしろ、売れている商品よりも、売れていない商品のほうが圧倒的に多いのです。

ユニクロの柳井正さんの有名な言葉に、**「一勝九敗」**があります。世界的な実業家である柳井さんでさえ、10回チャレンジして1回しか成功しないのですから、世の中には売れていない商品で溢れていることは容易に想像できるでしょう。

その売れていない商品をいつまでも売り続けているお店がとても多いのです。

代表的な売り方として、**在庫処分セール**がありますね。在庫になってしまった商品を格安

で販売するセールです。

しかし、消費者にとってそのセールは本当に魅力的なのでしょうか？

在庫商品は、そもそも商品に魅力がなかったから売れ残ったのではないですか？

そんな魅力に欠ける商品をいくら安値で売ったとしても、売れるわけがありません。

これは、明らかに**販売者側の都合**で行なわれるセールであり、とても「お客様がのどから手が出るほどほしい商品」とはいえませんよね。

利益率が高い商品を優先的に販売するお店もあります。同じ価格の商品でも、より多くの利益が得られる商品を優先的に売りたい気持ちは理解できますが、これも販売者側の都合によって販売が行なわれていることになります。

お客様がのどから手が出るほどほしい商品とは、販売者側の都合ではなく、あくまで**お客様から見て魅力的に映る商品**を指します。

単にほしい商品ではなく、**のどから手が出るほどほしい商品**です。

長年「広告」の世界で仕事をしていると、商品・サービスが魅力的であるかどうかが非常に重要であることに気づきます。

魅力的な商品であれば、多少デザインセンスが低い広告でも売れるし、魅力的ではない商品はいくらデザインセンスが高い広告でも売れません。本当に魅力的な商品の場合は、自然とクチコミが生まれる可能性も高くなり、広告なしでもどんどん売れていく場面を数多く見てきました。それほど、商品力は重要なのです。

「しかし、お客様がのどから手が出るほどほしい商品とはいったいどのような商品なの？それがわからないから困っているんだ」と感じるかもしれませんね。

そこで、「お客様がのどから手が出るほどほしい商品」をつくる具体的な方法を説明します。その方法は、「理想の顧客ターゲット」を明確にして、その層に合ったお客様に**ヒヤリング**をすることです。

顧客ターゲットが「中年サラリーマン」の居酒屋の場合、来店する中年サラリーマン客にヒヤリングをしてください。

たとえば、肉料理の中に「牛・豚・鶏」の3種類があるとします。お店側はより高級感がある牛肉をメインにした商品をメニュー化しようとしますが、中年サラリーマンの多くが肥満に悩んでいるので、実は鶏肉料理を求めている人が多いかもしれません。

このように、販売者とお客様の間には必ず**ズレ**が生じています。このズレを修正しないままお店を経営していても、そのお店にはお客様が「ほしい」と感じる商品が少ないため、徐々に客数は減少していきます。

しかし、お客様の要望を聞くことができれば**正解**が見つかります。あとは、その要望にしたがって商品を開発すればいいのです。

それは多くのお客様が望んでいる商品ですから、どんどん売れるようになります。当たり前の話ですよね。

お客様に聞く、つまりヒヤリングはどのような形でも構いません。アンケート用紙に記入してもらう形式でもいいし、営業中、お客様との雑談の中で聞いても構いません。

より多くのお客様にヒヤリングをすることで、正解を見つける確率は上がっていきます。

また、「お客様がのどから手が出るほどほしい商品」は、必ずしも本業に関連する商品である必要はありません。

同業他店では販売していない商品を販売して大成功を収めている事例を紹介します。

東京都町田市にある人気美容室の idea（イデア）さんでは、**手作りのハンドバッグ**を販売してお客様の支持を集めています。

オーナーの奥様で着付け師でもある湯川久美子さんが趣味で始めたハンドバッグを Facebook で公表したところ、友達やお店のお客様から「ほしい！」という声が相次ぎ、試しにお店で販売したところ、毎月10個ほど安定的に売れる人気商品となりました。

一番売れる価格帯は6000円～6500円なので、これだけで毎月6～7万円ほどの売上げになります。

ちなみに、お店のメイン顧客ターゲット層は30～40歳代であり、ハンドバッグの購入者層とほぼ一致しています。趣味から「お客様がのどから手が出るほどほしい商品」が生まれたのです。

繰り返しますが、「お客様がのどから手が出るほどほしい商品」は、必ずしも本業に関連する商品である必要はありません。本業に関連しない商品でも、それがのどから手が出るほどほしい商品であれば必ず売れるようになります。

すると、その商品がお店とお客様の信頼関係を深め、さらに本業の売上げが上がることも珍しくはありません。「お客様がのどから手が出るほどほしい商品」をつくるということは、それほど**魅力的な行為**なのです。

そして今、湯川さんはこのハンドバッグ商品を「kumicomシリーズ」として展示会にも出展したり、ハンドメイド商品を販売する人気サイトminnie（ミンネ）でも販売をするなど、新たな展開もスタートしています。さらに今後は、洋服やエプロンなどのラインナップも揃え、いつか専門店をオープンすることを夢見ているそうです。ワクワクする事業展

店内にはkumicomシリーズのハンドバッグがズラリ!

美容院idea（イデア）
東京都町田市中町3-5-12　NHMビル1F
http://idea-hair.jp

開ですよね。

隣の隣のお店は何屋さん？

「お客様がのどから手が出るほどほしい商品」を掲載した魅力的なチラシが完成しました。あとは配布するだけです。ワクワクしますよね。

その前に、チラシを配布する際に意識してほしいポイントがあります。

それは、**地域住民はあなたのお店の存在を知らない**ということです。

通勤や通学などでいつも通っている見慣れた風景の中、ある日突然新しい建物の工事が始まりました。そのとき、「そういえば、以前はこの場所には何があったっけ？」と感じたことはありませんか？　通勤や通学で毎日通っている道なのに、以前の景色を思い出せないことが。

そう。人は過去に行ったことがあるお店や、常に意識しているお店以外は正確に記憶できていないのです。

また、自宅近くの道を歩いているときに、「こんなところに喫茶店があったんだ！　今度行ってみよう」と感じた経験はありませんか？

人は、自宅周辺のすべてのお店や会社を把握しているわけではありません。

昔からその場所で経営している店主にとっては、驚きの事実かもしれませんが、ほとんどの地域住民があなたのお店の存在に気づいていません。

もちろん、定期的に来店するお客様や過去に一度でも来店したことがあるお客様は、あなたのお店をしっかりと認識していますが、それ以外のほとんどの地域住民は**あなたのお店を知らないのです。**

私は、定期的にセミナー活動を行なっており、参加者にひとつの質問をします。

「あなたがいつも行くお店を思い浮かべてください。そのお店の隣の隣のお店は何屋さんですか？」

すると、ほとんどの方が答えられません。しっかりと目的を持って行くお店のことは認識していますが、それ以外のお店には気づいていないのです。

それでは、どうすれば認識してもらえるのでしょうか？　その答えは簡単です。

あなたのお店の商圏（＝勝つ場所）に定期的に広告を配布すればいいのです。

「広告を一度配布すれば、すべての地域住民が認識してくれる」と考えるのは、お店側の勝手な思い込みです。地域住民の自宅のポストには毎日大量のチラシが入っているわけで、その1つひとつのお店を完全に認識することはできません。

そのような状況の中で認識してもらうためには、広告の量を増やすしかありません。

たとえば、あなたの自宅のポストに初めて見る名前のお店のチラシが入っていたとします。あなたはどのように感じますか？

「ふ〜ん、家の近くにこんなお店ができたんだ……」——その程度の感覚ではないでしょうか。

しかし、そのお店のチラシが毎週のようにポストに入っていたとしたらどうですか？

「このお店のチラシはいつも入っているな〜」というように、そのお店に対する印象が変化していくはずです。

地域住民がようやくあなたのお店を認識した瞬間です。

そして、これを繰り返していくと、地域住民の感覚はさらに変化します。

「一度行ってみようかな」というふうに。

手間はかかりますが、あなたのお店を地域住民に認識してもらうためにはこの方法しかありません。

しかし、例外もあります。

家の近くに大手コンビニ店がオープンし、そのチラシを見た地域住民はすぐに来店します。たった1回のチラシ配布でも多くのお客様が来店してくれるのです。

コンビニは、1回のチラシ配布で来店するのに、中小店舗では1~2回のチラシ配布では来店してくれない。その差はいったい何なのでしょうか？

それは、**ブランドの差**です。

ここで、「ブランド」についてわかりやすく説明します。

あなたは「ブランド」と聞いて何をイメージしますか？　スポーツ好きであればナイキやアディダスなどのブランドを、女性の方であればグッチやシャネルなどをイメージするのではないですか？

このように、すぐに思い出すのがブランドです。

それでは、ブランドとはいったい何なのでしょうか？

高級なお店のこと？　世界的なメーカーのこと？　いいえ、違います。

ブランドとは、**認識している状態**のことを指します。

「スポーツブランドといえばナイキ」、「香水といえばシャネル」というように、その企業名や商品名を聞いたときに、すぐにイメージできる状態のことをブランドと言います。

ちなみに、企業名や商品名を消費者に認識させる活動を**ブランディング**と言います。

先ほどの大手コンビニの場合は、すでにブランドが確立されています。セブンイレブンにしてもローソンにしても、ほぼすべての日本人が認識しています。

その上でチラシを見たから、すぐに来店するのです。たった1回のチラシ配布でも。

しかし、中小店舗の場合はそのほとんどのお店が認識されていません。つまり、ブランドが確立されていない状態です。これではお客様が現われることはありません。

だから、あなたのお店の商圏（＝勝つ場所）に定期的に広告を配布する必要があるのです。

ブランドの確立、つまり認識してもらうために。

さらに、新規客の数を短期間で一気に増やしたい場合は、**広告を配布する頻度**を高めてください。

今までは月1回配布していたのなら、今後は月2回配布したり、毎週配布するというふうに。

人は、接触頻度が高ければ高いほど、あなたのお店を短期間で認識してくれるようになるので、来店する可能性が高まります。

逆に、広告を配布する間隔が長いとその間にすっかり忘れてしまい、2~3回目の広告でも、初めて見る印象になってしまいます。1年に1回ポスティングされるチラシのことなど覚えていませんよね?

「それほど多くの広告を配ると、広告費が高くなるのでは?」と感じるかもしれませんが、チラシ配布に関してはそれほど高額にはなりません。

仮に、ひとつのエリアの折込数が5000部の場合、1回の新聞折込にかかる折込費用は1万5000円(1枚3円として)です。これを毎週実施すると、1ヶ月4週間として月6万円。

これに対して、印刷にかかる費用は月2万枚なので5万円程度とすると、合計で11万円。

これで反応率0・1%の場合、20人の新規客が来店しますから、客単価5000円のお店であれば、初来店だけで広告費をほぼペイできます。

その後、初来店したお客様をリピート客化していくことができれば、利益を生み出す可能性は大きく高まります。このリピート客化については3章でお話しします。

最後に、**チラシの配布方法**についてお話しします。

主な配布方法は、**新聞折込み**と**ポスティング**の2種類があります。

以前は、チラシを新聞に折り込むと多くの反応が得られましたが、最近は新聞を定期購読している世帯が急激に減っています。

そこでおすすめするのが、ポスティングです。商圏内の各家庭のポストにチラシを投函していく方法です。これなら、新聞を購読していない世帯にもチラシが確実に届くので、あなたのお店を認識する人が格段に増えます。

ただし、ポスティングにもデメリットはあります。

ポスティング業者に依頼する場合、新聞折込みに比べて配布料金が高額になる点と、マンションなどの集合住宅ではポスティングが禁止されている場合がある点です。

新聞折込みもポスティングも、それぞれメリットとデメリットがあるので、これらを冷静に比較した上で依頼するようにしてください。

私がおすすめする方法は、**新聞折込みとポスティングの併用**です。

あなたのお店の商圏全体では単価の安い新聞折込みを行ない、商圏の中でもとくに近距離エリアには、同時にポスティングも行なう方法です。

つまり、近距離エリアには新聞折込みとポスティングによってチラシが二重に配布されることになりますが、先ほども説明した通り、近距離エリアであればあるほど反応する人が増える可能性は高いので、近距離エリアには二重配布したほうがより高い反応が見込めます。

また、お店のオーナーやスタッフ自らポスティングする方法もあります。手間はかかりますが、地域の状況が理解できるようになるし、ポスティング中に顔馴染みのお客様に会ったら笑顔で挨拶することで、お客様と仲よくなるメリットもあります。あと、肥満で悩んでいる人にとってはダイエットと仕事を両立できるメリットもあるのでおすすめです。

このように、顧客ターゲットと「勝つ場所」を明確にした上で、その顧客ターゲットがのどから手が出るほどほしい商品をつくり、これを掲載したチラシを定期配布していきましょう。売上げが上がらないわけがありません。

1章のまとめ

・「売上げ」だけでなく、「利益」に対する意識も高める。
・「利益アップ」を追求していけば、「0円販促」に行き着く。
・顧客ターゲットを絞ると、広告の反応率と売上げが上がりやすくなる。
・マッピングをして、あなたのお店の「勝つ場所」を明確にする。
・「勝つ場所」が明確になったら、広告の量を増やす。
・さらに商圏を広げる場合は、「町の向き」を意識する。
・お客様がのどから手が出るほどほしい商品をつくる。その方法はお客様にヒヤリングをすること。
・販売者都合ではなく、真にお客様がのどから手が出るほどほしい商品をつくる。
・お客様がのどから手が出るほどほしい商品は、必ずしも本業に関連する商品である必要はない。
・ほとんどの地域住民は、あなたのお店の存在を知らない。
・地域住民にあなたのお店を認識してもらうために、商圏に定期的に広告を配布する。
・チラシを配布する場合は、新聞折込みとポスティングの併用がおすすめ。

Column 1 「お客様の人数が増えれば割引」企画で新規集客

お客様の数は1人よりも2人、2人よりも3人のほうが売上げが増えるのでうれしいですよね。そこで、**お客様の人数が増えれば増えるほど割引率が高くなる企画**を考えてみませんか？

以前、ある航空会社で**グループ割**を実施したところ、大人気企画となりました。飛行機代金が2人なら20％OFF、3人なら30％OFF、4～9人なら40％OFFとなる企画です。

この企画の成功の要因は**クチコミ**です。

もともと2人で行くつもりだった旅行を、「グループ割」でお得に購入したいため、さらに2人の知人を誘って合計4人で予約をする人が相次いだのです。

そこで、この企画をあなたのお店でも**応用**してみませんか？

たとえば、お客様が2人で来店した場合は5％OFF、3人の場合は10％OFF、4人の場合は15％OFFというふうに、人数が増えるにしたがって5％ずつ割引率を上げていくのです（必ずしも5％である必要はありません。お客様にとって「魅力的」と感じる割引率を設定してください）。

お客様の人数が増えれば割引企画

2人で来店した場合は5%OFF

3人で来店した場合は10%OFF

4人で来店した場合は15%OFF

※これ以外に「年齢」の合計で割引率を決めるなど、楽しみながら企画しましょう。
ただし、割引率の上限は必ず設定するようにしてください。最大でも20〜30%OFF程度に留めておかないと利益が得られにくくなってしまいます。

これが浸透すれば、既存客が知人を連れて来店する可能性が高まります。なぜなら、**既存客も得をするから**。

自然な形でクチコミが生まれ、新規集客がスムーズになるでしょう。とくに飲食店やテーマパークなど、**団体で来店する業種**なら大きな可能性があります。

さらに、この企画を発展させます。割引率を「人数」ではなく、**「年齢」**で決めるのです。50歳代の人が2人で来店した場合は5＋5＝10で10％OFF、20歳代の人が1人と30歳代の人が2人で来店した場合は2＋3＋3＝8％OFFというふうに。

つまり、高齢であればあるほど得をする企画です。今後日本はどんどん高齢化社会になっていくので、とくに高齢客から喜ばれる企画になりそうです。

そもそも、**「ショッピング＝楽しい行為」**ですから、企画が楽しそうであればあるほど、お客様は魅力を感じて来店してくれるようになります。ぜひスタッフさんと一緒に楽しみながら企画してください。

もうおわかりだと思いますが、「お客様の人数が増えれば割引企画」には大きなメリットがあります。それは、**新規集客がスムーズになること**。

既存客にとって、あなたのお店には大きな信頼感がありますが、今まで一度もあなたのお店を利用したことがない人にとっては**不安感**があります。この不安な感情があるため、新規客はなかなか来店してくれないのです。

しかし、知人から誘われると来店の可能性は格段に上がります。知人には信頼感があり、その「信頼できる知人」がおすすめするお店なら安心できる、と感じるからです。

また、新規集客には多額の販促経費がかかりますが、既存客からのクチコミで来店したお客様には1円の販促経費もかかりません。つまり、**0円販促**。

ここで得られた利益を「グループ割」の割引金額に充当させるという考え方で企画を行なえば、お客様にとっても大きなメリットが感じられます。

今現在、定期的に来店するお客様が数多くいてこの企画がうまくいけば、来店客数を無料で一気に増やすことも夢ではありません。まず既存客にお友達を誘ってもらい、そこで来店した新規客からさらにお友達を誘ってもらう流れができれば、芋づる式に客数が増えていきますから。ただし、注意点もあります。

割引率は必ず上限を設定するようにしてください。

最大でも20～30％OFF程度に留めておかないと、利益が得られにくくなってしまいますので、割引率の設定は慎重に。

Column 2 無料販促ツール・メールマガジンで集客

2001年、私は経済新聞のある小さな記事に注目しました。**メールマガジン**という新たなWEBツールが誕生し、これがビジネスにつながるという内容の記事でした。

見出しには「個人でもマガジン（雑誌）を創刊できる！」と記されていました。

今では、誰でも簡単に発行できるメルマガですが、当時はかなり画期的なサービスと感じました。なにせ、個人で書いた文章をボタンひとつで多くの人のメールボックスに届けてくれるのですから、インターネットの進化に驚いたことを覚えています。

しかも、文章の中で自分の商品やサービスを告知することで、商品が売れていくと書かれているではありませんか！

独立起業して間もない私は、早速メールマガジンを創刊することにしました。

まず、メルマガ配信サービスの最大手である「まぐまぐ」で創刊したところ、いきなり読者がどんどん増えていきました。まぐまぐで創刊すると「まぐまぐ総合版」に告知されるので、これを見た人たちがどんどん読者登録していくのです。

気がつくと、たった数日間で2000名以上の読者を獲得することができました。パソコンを開くたびに読者がどんどん増えていくのです。今でも、あのときの興奮は忘れられません。

ちなみに、現在はメルマガが一般化してしまい、まぐまぐで創刊しても読者はほとんど増えません。メルマガ黎明期のよい時代だったのでしょう。

その後、順調に読者数は増えていき、今では2万人を超えるメルマガに育ちました。

もちろん、今でもメルマガを発行し続けていますし、このメルマガから毎年多くの売上げを上げることに成功しています。

今はまぐまぐ以外に有料のメルマガ配信システムを使って配信しています。アスメルとマイスピーという2つのサービスです。

2つのサービス比較を、次のページに掲載していますので、ご覧ください。

https://shinkisyukyaku.com/m2/

月額数千円で毎年数千万円の売上げを上げているわけですから、メルマガこそまさに**「0円販促」を実現する究極のツール**と言えるでしょう。

「でも、メルマガは古いのでは？」と言う人もいますが、今でもメルマガは稼ぐことができるツールです。最近は、インスタグラムやツイッターなどのSNS系のツールが注目されていますが、見込み客1人ひとりのメールボックスまで情報が届くという点ではメルマガが最強と言えるでしょう。とくにB to Cビジネスにおいては、今でも大きな反応を得ることができます。

そこで、私の**メルマガ活用法**を紹介します。

ビジネス書を出版した際にはキャンペーンを行ない、その内容をメルマガで告知します。書籍などの低価格商品の場合は、そのまま多くの読者が購入してくれます。

セミナー集客でも活用します。こちらも書籍出版と同様に、メルマガで告知することで、多くの参加者を集めることができます。

また、半年間の講座などの高額商品の場合は、まず説明会セミナーを企画し、メルマガで参加者を募ります。そして、説明会セミナーに来てくれた方に対して講座の内容を案内します。

このように、**二段階**でセールスすることで、一定割合の人が購入してくれます。

このように、メルマガでは低価格商品から高額商品まで幅広い商品を売ることができます。

もちろん、メルマガは店舗系ビジネスや通信販売ビジネスにおいても有効です。商品やサービスの情報をお届けし、その魅力を伝えることで、一定割合の読者が必ず「ほしい！」と思ってくれますからね。

また、メルマガは読者数の大小にかかわらず、作業量は一定であるメリットもあります。読者が1人でも1万人でも、メルマガの執筆や発行する作業量は変わりません。これにより意外なメリットが得られます。

それは、**見込み客をフォローし続けられる**というメリットです。

名古屋市で写真スタジオ「デジタルフォトスタジオ アクエリアス」を営む山下恵珠子さんは、10年以上前からメルマガを配信し続けており、つい先日、あるお客様から7年ぶりに撮影の依頼をいただいたそうです。

お宮参りや七五三などの写真撮影の需要は、数年間に一度しか生まれません。それだけに顧客フォローが難しい側面がありますが、メルマガを配信し続けることで7年前のお客様が再び依頼してくれたのです。これもメルマガが生み出す効果のひとつと言えるでしょう。

ちなみに、私は**「販促アイデア大全集」**というメルマガを平日日刊で発行しています。タイトルの通り、販売促進のノウハウをお届けする他、書籍やセミナー情報、節税ノウハウや私の個人的な話も発信しています。興味がある方は読んでみてください。

https://hansoku-idea.com/mailmagazine/
（または「販促アイデア大百科」で検索してください）
メルマガに登録をすると、特典「全3回の有料級のスゴイ！販促ノウハウ」をお届けします。

なお、「販促アイデア大全集」の読者数は2万人ですが、メルマガの読者数は多ければ多いほどよいですね。先ほども言いましたが、読者数にかかわらず作業量は同じですから。

メルマガで商品を告知した場合の購入率が1％の場合、読者数100人なら1人が購入しますが、読者数1万人なら100人が購入してくれるようになります。販売価格1万円の商品であれば、100万円程度の売上げを上げるのはそれほど難しいことではありません。

そのためにも、常にメルマガ読者を増やす努力が欠かせません。

「0円販促」を実現するためにも、ぜひメルマガにチャレンジしてください！

2章

低コスト集客を成功させる7つのポイント

前章では、「顧客ターゲット」を明確にし、そのお客様が「のどから手が出るほどほしい商品」をつくり、その商品が掲載されたチラシを「勝つ場所」に定期的に配布する流れについてお話ししました。チラシなどの広告をつくる前に行なう、**準備運動**のようなものです。

そこで、本章ではいよいよ**広告づくり**に取り組んでいきます。

広告の反応率を上げるためには何が必要なのか？

消費者は、広告のどの部分に魅力を感じるのか？

消費者に、実際に行動してもらうためには何が必要なのか？

これらのすべての疑問に対する答えを**7つのポイント**としてご説明していきます。

これらのポイントを理解した上で広告をつくると、今までよりも広告の反応率が上がるでしょう。広告の反応率が上がるということは、費用対効果がよくなることを意味します。

つまり、低コストで集客できるということ。

今後広告をつくる際には、必ずこの7つのポイントを意識しながら行なうようにしてください。「0円販促」が実現する**最初の一歩**となります。

①目的　値引きや割引は嫌いなのに……割引客ばかりやってくるわな

いきなり質問です。

あなたは「値引き」や「割引」は好きですか？

購入者の立場ではなく、販売者の立場でお答えください。

きっと、ほとんどの方が「好きではない」と答えたのではないでしょうか。

さらに、もう1つ質問です。

あなたは、「値引きや割引を求めるお客様」と「値引きや割引を求めないお客様」ではどちらが好きですか？

これも、ほとんどの人が「値引きや割引を求めないお客様のほうが好き」と答えたのではないでしょうか。

それでは次に、あなたが最近つくった広告を思い出してください。そこには「値引き」や「割引」という文字が載っていませんか？

「値引きや割引は好きではない」と答えたはずなのに、広告をつくるときには、値引きや割引を載せてしまう人が少なくありません。……これ、矛盾していませんか？

「値引きや割引は好きではないけれど、それを載せないとお客様がやって来ないから仕方なく載せているんですよ」という反論が聞こえてきそうですが、まずここで、あなたの意思を明確にする必要があります。

広告に値引きや割引を掲載しているということは、**「私のお店は値引きや割引をするお店ですよ！」**と声高に叫んでいるようなものです。すると、その広告に反応するのは当然、値引きや割引が好きなお客様ということになります。当たり前の話ですよね。

もちろん、値引きや割引が悪いということではありませんが、ビジネスは**価値**で勝負するか、**価格**で勝負するかの二択しかありません。

あなたの商品やサービスの価値をしっかりと伝えて購入してもらう方法と、他店よりも安い価格でお店を選んでもらう方法の二択です。

どちらを選ぶのかはあなたの自由です。

まずは、この部分をしっかりと決めた上で広告をつくるようにしてください。

ここが曖昧なまま広告をつくると、値引きや割引は嫌いなのに、値引きや割引を求めるお客様ばかりが来店するという結果になってしまいます。あなたが望む目標（理想のゴール）と結果が異なってくるわけです。

これでは幸せになれません。

クリーニング業界の目玉商品のひとつに「Yシャツクリーニング」があります。「Yシャツクリーニング100円」などという低価格でお客様を集めるお店が多いですね。

ところで、衣類などのクリーニング商品は**お湯で洗う**ことをご存じですか？（すべての商品ではありませんが）

そこで、あるクリーニングA店のチラシで「当店はお湯で洗っています」と書いたところ、通常よりも多くのお客様が来店したそうです。

これこそ、まさに**お客様が価値を感じて来店した事例**です。

クリーニング業界の方にとっては当たり前の話かもしれませんが、一般消費者は「お湯で洗う」ということを知りません。「お湯で洗う」と聞くと、汚れがキレイに落ちる印象がありますよね。

クリーニングA店のチラシには「お湯で洗う」と書かれていますが、B店のチラシには何も書かれていません。すると、消費者は「B店は水で洗っているかもしれない」と感じるのです。

もちろん、B店でもお湯で洗っているのですが、そのことが記されていないので価値が伝わらないのです。だから、「水で洗っているかもしれないB店のYシャツクリーニング100円」よりも「お湯で洗っているA店のYシャツクリーニング150円」のほうが選ばれるようになるのです。

これが**「価値を伝える」**ということです。

先ほど、「ビジネスは価値で勝負するか、価格で勝負するかの二択しかありません。どちらを選ぶのかはあなたの自由です」と言いましたが、中小企業が選ぶべき答えはすでに決まっています。

それは、**価値で勝負すること**です。

その理由を説明しますね。

価格で勝負する場合、ライバル店よりも安い価格で商品を販売しなければなりません。すると当然、得られる利益が減ります。1個の商品から得られる利益が減ったとしても、お店を経営するためには毎月一定の固定費（人件費など）がかかるため、それ以上の利益を確保しなければなりません。

そうなると、**大量販売**をするしかありません。

1つひとつの商品から得られる利益は少なくても、それを大量に売ることができれば利益を確保できますからね。

それでは、どうすれば大量販売することができるのか？　と言うと、広大な売場に大量の商品を陳列する方法が有効です。

もうおわかりだと思いますが、価格で勝負する経営は**大企業が最も得意とする手法**なのです。

大企業は日本全国に販売店があり、１つひとつの商品を毎日大量に販売しています。すると当然、商品の仕入れ代金も安くなりますから、さらに利益は増えていきます。これを実現することができれば価格で勝負してもいいでしょう。

しかし、中小企業がいきなり価格で勝負をすることは現実的ではありません。

まずは、しっかりと価値を伝えて適正価格で販売して利益を確保し、徐々に店舗数と販売量を増やすことで、仕入れ価格を下げていくことで大企業化を目指すべきです。

いきなり価格で勝負をすると、**働いても働いても利益が得られない負のスパイラル**に陥ってしまいます。

また、値下げや割引は最も安易な手法です。ただ価格を下げればいいだけの企画なので知恵が生まれません。

一方、価値で勝負するためには、「どうすれば、適正価格で売れるだろう?」「どうすれば、より多くの利益が得られるだろう?」と真剣に考えて工夫することで販売力が養われていきます。

これこそが、販売力を鍛える最善の方法です。

まずは、ここからスタートするべきではないでしょうか?

だから、広告をつくる前にまず価値で勝負をするのか、価格で勝負をするのかを明確にしてください。これがすべての起点となります。


次に、**広告の目的**を明確にしましょう。

店舗の広告は、お客様に**来店**してもらうことが目的となるでしょう。

通信販売の広告は、**購入**してもらうことが目的です。

塾や工務店などの広告では、**資料請求**が目的となるかもしれません。

このように、業種や販売する商品によってそれぞれ目的が異なります。

あなたのお店が広告を実施する目的は何ですか? まずはこの部分を明確にしてください。

たとえば、ある飲食店の広告の目的は「来店」なのに、広告にすべての商品を掲載する必要はありません。

それよりも、数多いメニューの中から「どうしても食べてみたい！」と感じられる目玉商品をピックアップして掲載したほうが来店率は上がります。

一方、通信販売の場合は広告ですべてを完結しなければならないので、商品の細かな情報を載せる必要があります。情報不足だと購入を決断できませんからね。

このように、あなたのお店の広告の目的を明確にし、どうすればその目的を達成できるのかを考えましょう。広告の目的が明確になれば、当然広告の反応率は上がっていきます。

②商品　広告には「ハード要素」と「ソフト要素」を掲載しよう！

次に、**広告に掲載する商品についての考え方**を説明します。

「商品」というと、日々あなたのお店で販売している商品やサービスを連想しがちですが、消費者が求めているものは、本当に商品やサービスだけなのでしょうか？

ここで、消費者の立場に立って考えてみてください。たとえば、あなたが美容室を探しているとき、カットやカラー、パーマなどのサービスの価格や内容だけでお店を選びますか？もちろん、カットやカラーなどのサービスの価格や内容も大切な要素ではありますが、あなたがお店選びをするときにもっと重要視するものがあるはずです。それはお店の雰囲気だったり、そのお店で働くスタッフの人柄を重要視していませんか？

いくらサービスの価格が安くても、ボロボロのお店には行きたくないし、怖そうなスタッフがいるお店には行きたくありませんよね。

ここで、商品やサービスを**ハード要素**、お店の雰囲気やスタッフを**ソフト要素**と定義します。消費者が美容室を選ぶとき、ハード要素とソフト要素の両方が合格点に達したときに、初めて「お店に行く」ことを決断するはずです。どちらが欠けてもいけません。

しかし、日々自宅のポストに入っているチラシを見ると、そのほとんどがハード要素しか載っていません。これを見た消費者はどのように感じると思いますか？

「サービスはよさそうだけれど、怖そうな店員がいるかもしれない……」と感じるのです。実際には怖そうな店員はいないけれど、そのこと（ソフト要素）が書かれていないから不安になり、来店行動につながらないのです（先ほどのクリーニング店の広告事例と同じ）。

だから、広告には必ず「ハード要素」と「ソフト要素」の両方を魅力的に掲載するように

ハード要素とソフト要素を魅力的に表現したチラシ事例

ミニミニFC長崎店
長崎県長崎市五島町5-36
https://i-relief.jp/

してください。

この2つの要素が掲載されていると、消費者の心の中の不安感がなくなるので、「来店」という行動につながりやすくなります。

これは美容室以外でも当てはまります。飲食店におけるハード要素はおいしそうなメニューや宴会コースなどであり、ソフト要素は楽しそうなお店の雰囲気やスタッフの接客となるでしょう。整体院におけるハード要素は整体の技術であり、ソフト要素はお店の清潔感であったり、スタッフの人柄となるはずです。

このように、すべての業種においてハード要素とソフト要素が存在しており、消費者は常にその2つの視点であなたのお店を判断しているのです。

だから、広告には必ずハード要素とソフト要素の両方を魅力的に掲載するようにしてください。すると、不安要素がなくなるため、広告の反応率が上がります。

「しかし、スーパーのチラシには商品しか載っていないし、世の中の主婦は1円でも安い商品を求めているのでは？」と感じるかもしれませんね。

これは前項で説明した通り、日本全国のほとんどのスーパーの戦略が「価格で勝負する」

からです。つまり、大企業の戦略ということです。地域密着型スーパーでも、価格面で大手スーパーと戦っているのであれば、大企業の戦略を採用せざるを得ません。

しかし、もしあなたが「価値で勝負する」を選んだのであれば、目の前に1円でも安いサービスを求める消費者がいたら、そのような人は無視してください。

仮に、ここであなたがライバル店よりも値下げをしたら、1円でも安いサービスを求める人を来店させることができるかもしれませんが、翌月にはライバル店がさらに値下げを行なうでしょう。そうなると、価格重視のお客様はとっととライバル店に行ってしまうかもしれません。

このように、価格競争とは**終わりがない泥沼の戦争**のようなものです。そんな無益な競争の輪に入ってはいけません。

それよりも、「価値」を伝えましょう。商品価格がライバル店より高くても、「楽しい雰囲気のお店に行きたい」という人が来店してくれればそれでいいのです。

このように、広告に掲載する商品には2つの種類があることを意識してください。ハード要素とソフト要素の2つですね。

毎日、あなたのお店で販売している商品やサービスだけが商品ではありません。お店の雰囲気やスタッフの接客（＝ソフト要素）も**立派な商品**なのです。

とくに、美容室や飲食店などの接客業務が行なわれるお店の場合は、ハード要素よりもソフト要素を重要視する人の割合が多くなります。

これを分析する方法があります。それは、いつもご来店いただいているお客様に聞く方法です。「なぜ、当店をいつもご利用いただいているのですか？」

その答えが、あなたのお店の魅力であり、今後広告に掲載していくべき要素なのです。


もちろん、ハード要素も重要です。そもそも魅力的な商品がなければ、いくら雰囲気がよいお店でも来店する目的が見出せません。

だから、広告紙面には**お客様がのどから手が出るほどほしい商品**を掲載してください。

販売者側の都合ではなく、あくまでお客様から見て魅力的に映る商品です。

それは**他のお店にはない特徴がある商品**であれば、さらによいですね。「どこにでも売っている商品」は、文字通りどこでも売っているので差がありませんから、他店よりも安くするしかありません。

そうではなく、あなたのお店でしか売っていない魅力的な**オリジナル商品**を用意してほしいのです。その商品はあなたのお店でしか買うことができないので、当然消費者はあなたのお店に行くしかありません。消費者の来店率を高める**最強の方法**です。

「しかし、当店はすべての商品をメーカーから仕入れているので、オリジナル商品をつくれません」という場合は、メーカーから仕入れた商品に**オリジナル要素**を付加することはできないかを考えてください。

たとえば、エアコンを販売する場合、大手家電店では「エアコン＋取付工事」で販売していますが、あなたのお店では「エアコン＋取付工事＋10年間修理無料」などを商品化するのです。

最近の家電製品はあまり故障しないのでリスクは低いし、そのお客様と10年間お付き合いをすることで、エアコン以外の家電製品の需要を掘り起こすことができるかもしれません。もちろん、10年後のエアコンの買い替え需要も手に入ります。

1人暮らしの女性客に対しては、「女性スタッフによる取付サービス」を提供してもいいですね。

このように、家電店でもアイデアしだいで「100人に1人が絶対ほしくなる商品」をつくるのは十分に可能なのです。

③お客様の声　アンケートを書いてもらうとリピート率が上がる⁉

広告の反応率を上げる最も強力な要素をご存じですか？

それは、**お客様の声**です。

その理由は、**消費者は販売者の言葉を信じていないから**。

もちろん、すべての言葉を信じていないわけではありませんが、かといって100％すべてを信じているわけでもありません。

たとえば、学習塾の広告に「半年間でお子様の学力が上がるプログラムをご用意しています」と書かれていても、そのすべてを信用することはできません。心のどこかに「本当に学力が上がるの？」と感じているものです。実際に、あなたもそのように感じたことがあると思います。

しかし、広告の紙面上に、実際に学力が上がった生徒さんの声が載っていたらどうですか？

信じないわけにはいきません。

しかも、その生徒さんの写真や名前、合格した学校名まで記されていたら、その学習塾に対する信頼感は格段に上がるはずです。

また、販売者である学習塾は、より多くの生徒を集めたいと思っているので、広告には「よいこと」ばかりを書きます。しかし、現代の消費者は賢いので、そういった販売者の心理を理解した上で広告を見ます。だから、すべてを信用できないのです。これを払拭する最強の武器が、「お客様の声」なのです。

さらに、「お客様の声」には大きなメリットがあります。

それは、お客様のリピート率が上がること。

たとえば、飲食店で「お客様の声」を集めるためにアンケートを実施したとします。すると、お客様はそのお店の「よいこと」を書いてくれます。

「いつも家族で来ています。店員さんも明るくてよい感じです。これからも通いたいと思います」

このような声を書いていただけるようになります。

そして、この声をチラシやホームページに掲載してください。すると、このアンケートを書いたお客様のリピート率が上がるのです。

なぜだと思いますか？　その答えは簡単です。

お客様が自ら、「よいお店ですよ」と書き、それがチラシやホームページに掲載されているので、**責任感**を感じるのです。「自分が推薦したお店だから通い続けなければいけない」と感じてくれるのです。

もちろん、アンケートを書いたすべてのお客様のリピート率が上がるわけではありませんが、一部のお客様のリピート率は確実に上がります。

このように、「お客様の声」は広告の反応率を上げるだけでなく、お客様のリピート率も上げるのですから、メリットだらけです。

次に、アンケートを書いてもらうときの注意点をご説明します。

・設問はなるべく少なくする

・最初の設問は○×式や選択式にして、「書き始める抵抗感」を低くする

（答えやすい設問の後に、感想などを書いてもらいましょう）

・名前や住所の記入項目はなるべく少なくする

（メールやＬＩＮＥなど、その後お客様にアプローチする方法の情報だけを書いてもらうようにしてください。メルマガを送る予定はないのにメールアドレスを書いてもらう必要はありません）

・最下部に「ご記入いただいた感想をチラシやホームページなどに掲載していいですか？」

という設問を設け、ＯＫの方には「本名で掲載ＯＫ・イニシャルで掲載ＯＫ」を選択してもらうようにする

・アンケートを実施するときは、お客様に直接声をかけてお願いする

（テーブルにアンケート用紙を設置するだけでは、回収率は上がりません。回収率を上げるためにお客様に直接声をかけましょう。特典を用意するとさらによいですね）

以上の注意点を意識してアンケートをつくれば、回答率が上がるでしょう。

次に、アンケートをチラシなどの広告に掲載する際の注意点をご説明します。

・直筆で書いていただいた感想は、直筆のまま掲載する

（誤字脱字があってもそのまま載せましょう。そのほうが信頼感が上がります）

・地域密着型店舗の場合は、お客様の「名前」と共に「町名（番地は不要）」まで掲載すると効果的

（同じ町に住んでいる人の反応率が上がる可能性が高まります）

・「お客様の声」はなるべく数多く掲載する

（とくにホームページはスペースの制限がないので、書いてもらった感想はすべて掲載しましょう。数が多ければ多いほど信頼感が高まります）

送信 FAX番号 092-411-3766

ご送信の前に、記入内容をもう一度ご確認ください。

アンケートにご協力ください

この度は、DVD「会員制ビジネスで、毎月確実に売上げを積み上げていく方法」をご購入いただき、誠にありがとうございます。今後、弊社では、「会員制ビジネス」に関する様々なビジネスを行なっていく予定です。つきましては、当DVDの内容に関するアンケート
これをもとに、今後さらに有益な情報発
特別音声特典「お店に来店しなくなっ

最初の設問は○×式や選択式にして「書き始める抵抗感」を低くする

質問1 DVDの内容にはご満足いた

□ 満足　□ やや満足　□ 普通　□ やや不満　□ 不満

質問2 今現在、あなたは「会員制ビジネス」を行なっていますか?

□ 既に行なっている　□ 準備中　□ 行なっていない

質問3 質問2で「既に行なっている」「準備中」とお答えいただいた方へ
差し支えなければ、どのような内容の「会員制ビジネス」か教えてください。

タイトル（　　　）

内　容（　　　）

質問4 DVDの率直な感想をお聞かせください。

設問はなるべく少なくする

質問5 今後、「会員制ビジネス」について知りたいこと・聞きたいことなどありましたら、お聞かせください。

名前や住所の記入項目もなるべく少なくする

お送りいただいたアンケートは、弊社ホームページ　?

□ 社名・名前共にOK　□ 社名はNG・名前はOK　□ 社名はNG・名前はイニシャルならOK　□ 社名・名前共にNG

貴店（貴社）名　　　お名前

ご回答後は、お手数ではございますが、左記FAX番号まで送信ください。この度は、誠にありがとうございました。

株式会社ザッツ　〒812-0857 福岡県福岡市博多区西月隈1-14-93-201　TEL:092-411-3758　FAX:092-411-3766

「ご記入いただいた感想をチラシやホームページなどに掲載していいですか?」という設問を最下部に設け、OKの方には「本名で掲載OK・イニシャルで掲載OK」を選択してもらうようにする

最後に、**アンケートをとる目的**も明確にするべきですね。

チラシやホームページに掲載するためのアンケートであれば、「お店の好きなところやお気に入りのポイントをご記入ください」と打ち出します。逆に、お店を改善したい場合は、「お店で改善してほしいところや困った点、お気づきのことなどがあればご記入ください」と打ち出しましょう。

表現しだいで、「お客様の声」の方向性を**コントロール**することができます。

広告においてもお店の改善においても、「お客様の声」は大きな効果を発揮するので、積極的にチャレンジしてください。

④表現　右足の次は左足を前に出して歩きましょう

私の父が大好きだったテレビ番組があります。「水戸黄門」です。

水戸藩のお殿様である黄門様は世直しのために日本各地を旅します。その中で、いろいろな町人と出会うのですが、そこには必ず悪者が登場し、町人を苦しめます。

そこで黄門様が悪者退治を行ない、最後の場面では印籠を出して悪者と共に町人も驚くという代表的ワンパターン物語です。

悪者や背景が少し異なるだけで、ストーリー展開は毎回同じです。

しかし、このワンパターンが**人気の秘密**なのです。

それでは、なぜ同じパターンの番組が受けるのか？　というと、わかりやすいからです。

消費者は「わかりやすいもの」が大好きなのです。

これは広告も同じです。

難解な文章よりも、わかりやすい文章のほうが格段に反応率が高くなります。

「わかりやすい」ということは「理解しやすい」ということなので、反応しやすくなるんですね。

商品やお店の魅力を理解していないのに来店する人なんていませんからね。

そこで、広告ではなるべく**わかりやすい文章**を書くようにしてください。

イメージとしては、**小学校高学年でも理解できる文章**を意識するとよいです。

小学校高学年でも理解できる文章なら、誰でも理解できるはずですからね。

とくに注意してほしいのは**専門用語**です。

販売者はその業界のプロなので、つい専門用語を多用してしまいがちですが、一般消費者は素人なので理解できません。その業界では当たり前の言葉でも、一般消費者にとっては初めて見る言葉ですから理解できるわけがありません。

このような「わからない言葉」が出てくると、消費者は広告文章を読む行為をストップしてしまいます。わざわざ辞書やインターネットで調べる人はいません。

広告で行動を促す場合も同じです。

チラシにクーポン券が付いている場合は、クーポン券の近くに「点線に沿ってハサミで切り取ってお店にご持参ください」と明記してください。この一文がないと消費者は悩みます。クーポン券を切り取って持っていけばいいのか、チラシを持っていけばいいのか、クーポン券に掲載されているクーポン番号を伝えるだけでいいのか、がわからないのです。このような不明点があると行動しなくなります。

店側は「どの方法でもOKですよ」と思っているかもしれませんが、消費者の行動は止まってしまいます。「わからない」が**不安感**につながるからです。

だから、広告をつくるときは必ずわかりやすい文章（や表現）を心がけるようにしてください。おすすめの方法は、印刷する前の広告を子供や奥さんに見てもらい、わかりにくい文章や表現がないかをチェックしてもらうことです。この工程を加えるだけで、広告の反応率は確実に上がるはずです。

最後に、「わかりやすい文章」を書くトレーニングをしましょう。
「歩く」をわかりやすく説明すると……

右足の次は左足を前に出して歩きましょう。

これくらいわかりやすく書くと、誰でも理解できます。
広告の文章をつくる前には、ぜひこの言葉を思い出してください。

⑤オファー　クーポン券の反応率を上げる秘密は「保存率」にあった!?

値引きや割引はあまりおすすめしませんが、広告の目的によっては**クーポン券**の掲載もありだと思います。

消費者はクーポン券が大好きなので、たとえば広告の目的が新規集客や直接購入などの場合は、クーポン券を掲載したほうが反応率が上がりますからね。


ただし、大幅な値引きや割引はおすすめできません。


広告に「30%ＯＦＦクーポン券」を掲載したもののよい反応が得られなかった場合、次の広告では「40%ＯＦＦクーポン券」を掲載するお店がありますが、割引率を高めれば反応する人が増えるわけではありません。

反応が低い要因は割引率ではなく、広告に掲載している商品の魅力が低かったり、広告の表現が難解だったりすると、いくら割引率が高いクーポン券を載せても反応してくれません。

また、店側は前回の広告と新しい広告の割引率を比較検討できるけれど、消費者は前回の広告をいちいち覚えていません。つまり、比較検討する材料がないわけですから、30%を40%にしたからといって、それで反応率が上がることはありません。

広告に本当に魅力的な商品（お客様がのどから手が出るほどほしい商品）が掲載されていれば、割引率は低くても（割引がなくても）消費者は反応してくれますから、広告の反応率の原因をクーポン券だけに求めるのはやめましょう。

そこで、クーポン券に掲載する内容の考え方について説明します。

たとえば、平均客単価3300円の飲食店の場合、「30%ＯＦＦ」と打ち出すと約1000円の割引を行なう必要があります。

すると、クーポン券の表現を「1000円金券」に変えることもできますよね。どちらも約1000円の割引であることに変わりはありません。

他にもあります。

お金を割り引くのではなく、販売価格1000円の商品を無料で飲食できるクーポン券もあり得ます。お客様にとっては「1000円分得をする」という意味では同じですからね。

このように、「1000円の割引」でもいろいろな表現が考えられるのです。

それでは、次の3つの表現ではどれが一番反応率が上がると思いますか？

- **30%ＯＦＦクーポン券**
- **1000円金券**
- **販売価格1000円の商品無料券**

その答えは、実際にＡＢテストをやってみないとわかりませんが、私の今までの経験上、

[illegible]人で取り組める
[illegible]めてのネット広告
[illegible]れた予算で最大の成果を出すネット広告の基礎と応用
[illegible]井総合研究所著
定価２５３０円

[illegible]営業は武器がすべて
誰でも結果が出せる82のアイテム
今日から使えるツール満載！[illegible]セールスの入門書
福山 敦士著
定価１７６０円

中小企業のための
「iDeCo+」のはじめ方
会社も従業[illegible]る！[illegible]最適な企業向け確定拠出年金の活用術
[illegible]林著
定価１９８０円

老人ホーム・サ高住のための
入居者募集ハンドブック
介護と経営のスキルは別物。入居率を安定させるノウハウ
辻山 敏著
定価１７６０円

最新版 高くても売れる！
ハンドメイド作家 ブランド作りの教科書
オンライン販売で海外市場も含めた売れっ子作家になろう！
マツド アケミ著
定価１７６０円

売れる人がやっているたった四つの繁盛の法則
―「ありがとう」があふれる20の店の実践―
20の事例で見る変化の時代を生き抜く繁盛法則「新しい4P」
笹井 清範著
定価１７６０円

東大卒税理士が教える
会社を育てる節税の新常識
社長の手取りを最大化する、まったく新しい節税方法
斎尾 裕史著
定価１７６０円

技術が市場につながる
開発者のためのマーケティング
開発担当者に必要なマーケティングの実践手順を解説
日本能率協会コンサルティング池田裕一著
定価２８６０円

最新版 お客様がずっと通いたくなる
小さなサロンのつくり方
小さなサロンの開業、集客、固定客化の最新ノウハウ！
向井 邦雄著
定価１９８０円

店長のための「スタッフが辞めないお店」の作り方
人材不足が深刻な時代、業績を上げる店長の実践ノウハウ
松下 雅憲著
定価１６５０円

モノが売れない時代の「繁盛」のつくり方
―新しいマーケットを生み出す「顧客一体化戦略」
大手には絶対マネできない「顧客一体化戦略」の実践論
佐藤 勝人著
定価１６５０円

最新版
90日で商工会議所からよばれる講師になる方法
セミナーを主催し、集客し、「仕事の依頼」につなげるノウハウ
東川 仁著
定価１６５０円

結果を引き出す
大人のほめ言葉
「ほめ言葉」２４０のフレーズと正しくほめるコツ！
西村 貴好著
定価１３２０円

営業生産性を高める！
「データ分析」の技術
今あるデータで効率的な営業を実現するデータ分析活用術
高橋 威知郎著
定価２２００円

営業・企画担当者のための英文契約・交渉入門
法律知識がなくても押さえるべき点がすぐわかる基本の書
小澤 薫著
定価２８６０円

マイペースでずっと働く！
女子のひとり起業 2年目の教科書
起業後の「困った！」を解決する〝経営〟のキホン
滝岡 幸子著
定価１６５０円

平均客単価3,300円のお店で
値引額（約）1,000円のクーポン券をつくる方法は…!?

①30%OFFクーポン券 値引き額990円（約1,000円）

②1,000円金券 値引き額1,000円

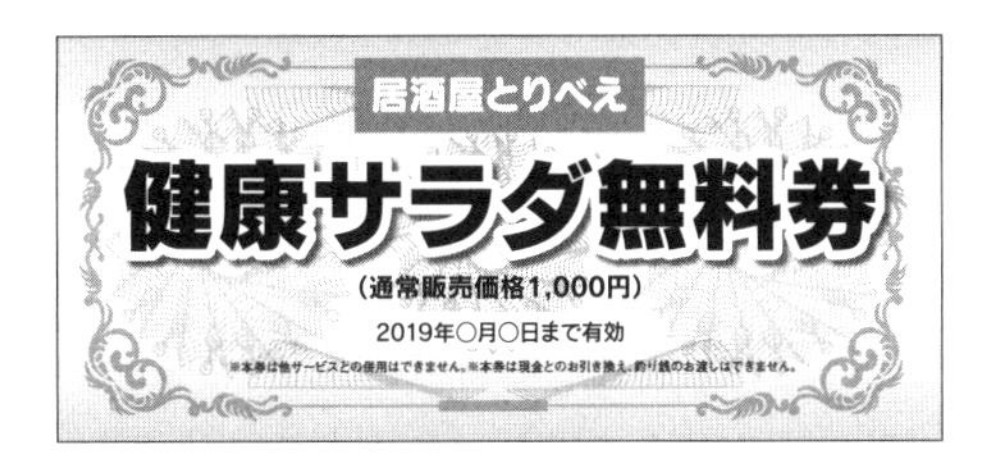

③販売価格1,000円の商品無料券 値引き額1,000円
（原価率30%の場合、実質値引きは300円）

「30%ＯＦＦクーポン券」よりも「１０００円金券」のほうが、高い反応を得られることが多かったですね。

クーポン券よりも金券のほうが、**お金に近いイメージ**を抱くようで、高い価値観を感じてもらいやすくなるからです。

また、「販売価格１０００円の商品無料券」は、原価率30%の商品であれば、実質３００円の値引きとなります。「30%ＯＦＦクーポン券」や「１０００円金券」よりもお店に残る利益は増える可能性があるので、おすすめです。

次に、広告に掲載するクーポン券ではなく、来店客などに単体のクーポン券を手渡す場合は、クーポン券の**デザイン**や**質感（紙質）**にもこだわるようにしてください。

紙幣っぽいデザインにしたり、高級感あるデザインにすると価値観が高まるので、来店してくれる人が増えます。

また、クーポン券の紙の厚さは**なるべく厚いほうがいい**ですね。おすすめの紙の厚さは１３５キロ以上です（紙の厚さはキロで表現します。詳しくは印刷会社へおたずねください）。

ペラペラの薄い紙のクーポン券は、すぐにくしゃくしゃに丸めて捨てることができますが、厚い紙のクーポン券は捨てづらいですよね。なぜなら、厚いからです。

極端な話ですが、鉄製のクーポン券があればなかなか捨てられません。捨てたくても捨てづらいからです。

そうなると**保存率**が上がります。保存率が上がると**使用率**が上がります。

つまり、クーポン券の**反応率**が上がるということです。

ある工務店で、面白い事例があったのでご紹介します。

その工務店では、年に数回、新築見学会を行なって集客をしていました。建築中の他のお客様の家を内覧してもらうことで、これから家を建てたい見込み客を集める一般的な企画です。

広告の反応もよく、見学会を行なうと多くの地域住民が来場してくれるのですが、成約率が低いことが悩みの種でした。そこで社長は、スタッフに質問しました。

「どのようなお客様が成約するの？」

すると、スタッフはこう答えました。

「見積りまでしたお客様はほぼ成約します」

当たり前の話かもしれませんが、社長はさらに質問します。

「それでは、どのようなお客様が見積りを依頼するのかな？」

すると、とスタッフは答えます。

「見学会会場のテーブルに座って会話をした方が見積りにつながるケースが多いですね」

ここで社長はひらめきました。

来場した人をテーブルに座ってもらうための工夫をしよう！ と。

具体的には、テーブルに「自由にお座りください」と記されたPOPを付けたり、無料のコーヒーを用意したり、子供が喜ぶ絵本を置く他、テーブルもより幅広いものに変えたり、座り心地がよさそうな椅子を用意することで、テーブルに座る人が増えていきました。

すると、テーブルに座った方とスタッフとの間の会話が増え始めたのです。当然のことながら見積り依頼が増え、結果的に成約率が上がったそうです。

成約率を上げる最大の要因は、「テーブルの着座率」だったのです。

もうおわかりだと思いますが、クーポン券の使用率を上げるためには、クーポン券の保存率を上げる必要があります。

高級感あるデザインにしたり、厚い紙で印刷したり、財布に入りやすいように名刺サイズにすることで保存率を高めることができます。

いつもお客様の財布の中に、あなたのお店のクーポン券が保存されていれば、お店選びをするときにあなたのお店が選ばれる確率が上がるのは当然ですよね。

クーポン券の反応率を上げたい場合は、割引率を高める前に、クーポン券の価値観を高めると共に、保存率を上げる工夫をしてください。

きっと多くのお客様が来店してくれるはずです。

⑥限定　「限定要素」はあなたの自由です！

広告の反応率を上げる上で欠かせないのが**限定要素**です。

たとえば、レストランで「1日10食限定のステーキランチ」というPOPを見ると、つい注文したくなりませんか？　いつでも誰にでも何個でも提供される商品にはあまり魅力を感じませんが、数量や期間が限定されると、つい購入したくなるのが消費者心理です。

ちなみに、私は過去に6冊の書籍を出版してきましたが、そのほとんどでキャンペーンを行なっています。あなたが今お読みのこの本も、キャンペーンで購入した方が多いと思います。

本のキャンペーンの場合は、まず**期間**を限定します。

「5日間限定のアマゾンキャンペーン」や「1週間限定の新発売キャンペーン」などと題して、その期間内に購入していただいた読者に特典を提供します。このような企画を行なうことで、「期間内に購入したほうがお得だ！」と感じてもらいやすくなるのです。

消費者は、世の中で売られている商品を3つのステージに分けて区分しています。

今すぐほしい商品・いつか買いたい商品・必要ない商品の3つです。

「今すぐほしい商品」は、文字通り今すぐほしいわけですから、すぐに購入してくれるし、「必要ない商品」は、そもそも必要ないので売れることはありません。

最も注意しなければならないのが、「いつか買いたいと思っている人」です。

「ほしい」と思っているけれど、今すぐほしいわけではない微妙な客層ですね。

この人たちが、その後商品を購入してくれればいいのですが、大半の人は購入してくれません。

なぜなら、世の中には魅力的な商品が数多く存在し、あなたが売っている商品と類似した商品がたくさんあるからです。日々魅力的で新しい商品が生まれる世の中で、「いつか買いたい」と思った商品のことを再び思い出して購入してくれることはほとんどありません。

だから、私は本を出版するときに必ずキャンペーンを行なうのです。

これは、商品購入以外にも当てはまります。

「いつか読もう」と思って「保存フォルダ」に入れてしまったメールマガジンを、あなたは読むことがありますか？　きっとほとんどの人はないでしょう。なぜなら、毎日新たなメルマガが届くからです。

商品や情報が多い現代において、「今」を逃すことは大きな販売ロスにつながるのです。

そこで、「限定要素」です。

「1週間限定の新発売キャンペーン」のように期間を限定することで、「いつか買いたい商品」を「今すぐほしい商品」に変えることができます。その結果、売れるようになります。

また、「限定要素」は「期間」だけではありません。

「100個限定」というように**数量**を限定したり、「VIP客限定のプレミアムキャンペーン」というように**客層**を限定する方法もあります。

ここで、広告の反応率をさらに上げる方法を紹介します。

それは、**2つ（以上）の限定要素を入れたキャンペーン**を行なうこと。

「1週間だけの100個限定のキャンペーン」というふうに、複数の限定要素を入れることで、消費者の購入意欲をさらに高めることができます。

「しかし、限定要素は押し売りしているイメージがあります」と感じる人もいるかもしれませんが、あなたの商品やサービスに価値があるのであれば、どんどん押し売りすることをおすすめします。そもそも、商品やサービスを販売する**根本的な目的**を明確にしてください。

あなたが商品やサービスを販売する目的は、**お客様の生活を豊かにすること**であるはずです。

美容室でパーマをかけると、魅力的な印象になり仕事がうまくいくようになるかもしれません。

おいしい料理を提供すると、笑顔が生まれます。

整体院では疲れた体を癒してくれるので、健康的な体になります。

この本も同じです。

1人でも多くの方に読んでいただくことで、効果的な販売促進を行なうことができるようになるので、世の中に繁盛店が増えていきます。

私はひとつの迷いもなくそう信じてこの原稿を執筆しているし、本のキャンペーンに力を注いでいます。それらはすべて、お客様の生活をより豊かにしたいと思っているからです。
価値がない商品を押し売りするのはよくありませんが、あなたの商品やサービスが価値あるものなら、堂々と**押し売り**してください。

「限定要素」を付けて、「いつか買いたい」を「今すぐほしい」に変えるべきです。

また、次のような質問を受けることがあります。

「100個限定と打ち出したいけれど、他のお店に行けば同じ商品が売られているので限定を打ち出すことができません。どうしたらいいですか?」という質問です。

とくに、大手メーカーがつくった商品を仕入れて販売しているお店に多いパターンですが、あなたのお店で100個しか仕入れていないのであれば、「100個限定」と打ち出しても問題はありません。

同業他店に行けば同じ商品が売られているかもしれませんが、あなたのお店では100個しか販売していないし、あなたのお店のお客様にとってはその商品を購入する場所はあなたのお店しかない場合がほとんどです。だから、堂々と「100個限定」と打ち出しましょう。

日本全体で見れば、その商品は必ずどこか別のお店で売られています。同じ商品を売っている別のお店が遠いか近いかだけの差です。

つまり、「限定要素」はあなたの自由なのです。

あなたが「1週間限定」と決めれば「1週間限定キャンペーン」になるし、あなたが「100個限定」と決めれば、「100個限定キャンペーン」を行なうことができるのです。

このように、ビジネスは自分でコントロールしていくことが重要です。

限定要素を加えれば、今まで以上に売れるようになるし、コントロール感を持つとビジネスが楽しくなります。

また何よりも、あなたの商品やサービスを購入することで、幸せになるお客様が増えるのですからメリットだらけです。

⑦時期　年末になるといきなり宴会をしたくなる…わけではありません

年末や年度末は忙しくなるお店が増えます。

年末には、忘年会をする団体客が増えるので飲食店はどこも大忙し。

美容室も予約が埋まる日が続きます。

それでは、なぜ年末や年度末になるとお客様が殺到するのでしょうか？

年末が近づくと、いきなりお酒を飲みたくなるから？　……いいえ、違います。

年末には忘年会を企画する人が増えるからです。

美容室も同じです。「年末までに髪を切ってすっきりしたい」と考える人が増えるからです。

また、年度末（や年度始め）には卒業式や入学式、入社式があります。世の中がリスタートする季節なので歓送迎会が増えるし、入社する前にヘアースタイルを一新したいと考える人が増えます。

だから、年末や年度末に忙しくなるお店が増えるのです。


ここで、一般的な飲食店の売上げの推移を見てみましょう。次ページの図からもわかる通り、1年間の中には、**忙しい時期（＝繁忙期）**と**暇な時期（＝閑散期）**が存在します。

飲食店の典型的なパターンとしては、年末や年度末、お盆あたりに繁忙期を迎えるお店が多いですね。つまり、1年間の中で3つの山（繁忙期）があるということです。

これは、他の業種でも同じです。

業種によっては山が2つであったり、時期がずれたりしますが、ほとんどの業種で山（繁

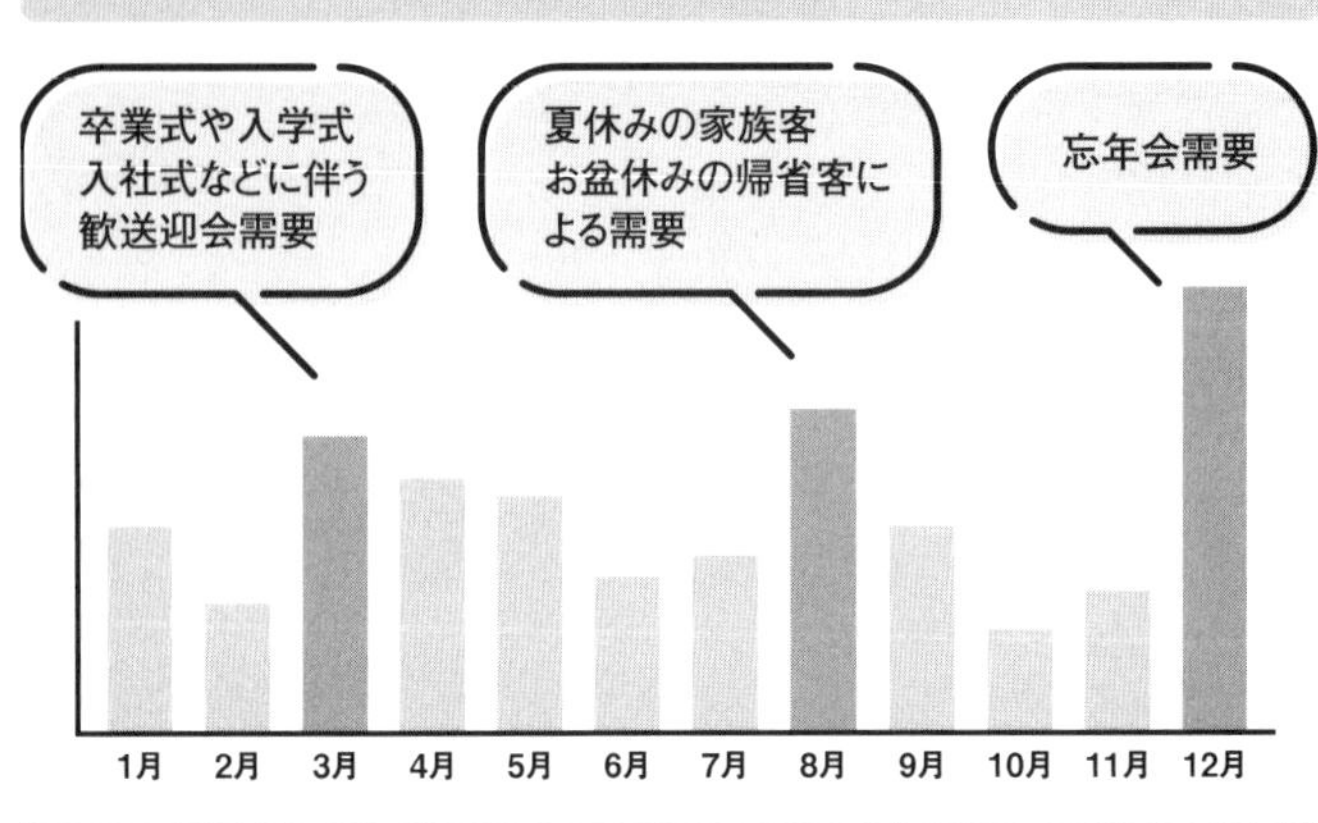

繁忙期には「売れる理由」があるのです！

忙期）と谷（閑散期）が生まれます。

繰り返しますが、山の部分は「忘年会」や「歓送迎会」などの**年間行事**があるから繁忙期になるのです。逆に、谷の部分には目立った行事がありません。だから、なかなかお客様は来てくれません。つまり、閑散期ということです。

すると、閑散期になるとあわてて始める人がいます。

「やばい！　今月は客数が少ないから、広告の量を増やそう！」というふうに。

しかし、閑散期は行事がないから、広告を配布してもなかなかヒットしません。魚がほとんどいない釣り堀で、釣り竿の数を増やしているようなものです。

料金受取人払郵便

神田局
承認
7635

差出有効期間
2024年４月30
日まで

郵便はがき

１０１-８７９６

５１１

（受取人）
東京都千代田区
神田神保町１－41

同文舘出版株式会社
愛読者係行

毎度ご愛読をいただき厚く御礼申し上げます。お客様より収集させていただいた個人情報は、出版企画の参考にさせていただきます。厳重に管理し、お客様の承諾を得た範囲を超えて使用いたしません。メールにて新刊案内ご希望の方は、Ｅメールをご記入のうえ、「メール配信希望」の「有」に○印を付けて下さい。

図書目録希望	有	無	メール配信希望	有	無

フリガナ お名前		性　別 男・女	年　齢 才
ご住所	〒 TEL　　（　　）　　Ｅメール		
ご職業	1.会社員　2.団体職員　3.公務員　4.自営　5.自由業　6.教師　7.学生　8.主婦　9.その他（　　　）		
勤務先分　類	1.建設　2.製造　3.小売　4.銀行・各種金融　5.証券　6.保険　7.不動産　8.運輸・倉庫　9.情報・通信　10.サービス　11.官公庁　12.農林水産　13.その他（　　　）		
職　種	1.労務　2.人事　3.庶務　4.秘書　5.経理　6.調査　7.企画　8.技術　9.生産管理　10.製造　11.宣伝　12.営業販売　13.その他（　　　）		

愛読者カード

書名

◆ お買上げいただいた日　　　年　　月　　日頃

◆ お買上げいただいた書店名　（　　　　　　　　　　）

◆ よく読まれる新聞・雑誌　（　　　　　　　　　　）

◆ 本書をなにでお知りになりましたか。

1．新聞・雑誌の広告・書評で　（紙・誌名　　　　　　　　）
2．書店で見て　3．会社・学校のテキスト　4．人のすすめで
5．図書目録を見て　6．その他（　　　　　　　　　　）

◆ 本書に対するご意見

◆ ご感想

●内容	良い	普通	不満	その他（　　　　　）
●価格	安い	普通	高い	その他（　　　　　）
●装丁	良い	普通	悪い	その他（　　　　　）

◆ どんなテーマの出版をご希望ですか

<書籍のご注文について>

直接小社にご注文の方はお電話にてお申し込みください。宅急便の代金着払いにて発送いたします。１回のお買い上げ金額が税込2,500円未満の場合は送料は税込500円、税込2,500円以上の場合は送料無料。送料のほかに１回のご注文につき300円の代引手数料がかかります。商品到着時に宅配業者へお支払いください。

同文舘出版　営業部　TEL：03－3294－1801

逆に、年末に広告の量を増やすと、どんどんお客様がやってきます。

あなたもこのような経験はありませんか？　忘年会のお店を予約するのを忘れていて、いろいろなお店に電話をするけれど、なかなか予約が取れない経験が。まさに、釣り堀に魚がうじゃうじゃいる状態です。

そこで、私がおすすめする方法を紹介します。

それは、**あなたのお店の1年間の売上げを最も効率的に上げる方法**です。

まず、繁忙期の広告の量を増やすことで客数を増やしましょう。

昨年までは年末の１ヶ月間に５００名の来店客があるお店は、６００名を目指してください。繁忙期はお店を探している人がたくさんいる状態なので、どんどん新規集客をすることができます。

そして、ここで来店したお客様に対して、**閑散期に再来店していただける仕掛け**を用意してください。

一度でもあなたのお店に来たお客様ですから、今まで一度も来店したことがない人に比べると格段に再来店してくれる可能性は高まります。

たとえば、年末に忘年会で初来店したお客様に対して「2月に使用できるクーポン券」を送ると、一定割合のお客様が反応しますから、閑散期の売上アップにつながります。

①繁忙期の客数を増やす

②そのお客様に再来店を促して、閑散期の売上げを上げる

この流れで計画を立てると、1年間全体の売上げを上げることができるようになります。

「しかし、繁忙期はお店の運営だけで忙しいので、広告の量を増やすのは難しい」と感じた方がいるかもしれませんね。その解決法もあります。

お店を経営していく中ではいろいろな業務がありますが、そのすべてを繁忙期に行なうから「難しい」と感じるのです。

たとえば、広告づくりや新聞折込みの手配は10月あたりの閑散期にすませておいて、繁忙期はお店の運営だけに集中するのです。

年末に書く年賀状も、10月あたりから書き始めればいいですね。「年賀状は12月に書かなければいけない」というルールはありません。

そもそも、閑散期は暇な時期なので、いくらでも業務をこなすことができるはずです。

閑散期＝繁忙期の売上げをさらに上げるための準備期間

と捉えて計画を立ててください。

この流れがスムーズにいくようになると、毎年客数を増やすことができるようになり、同時に閑散期の売上アップも実現できるようになります。

このように、広告は**配布する時期**がとても重要となります。

同じデザインの広告でも、繁忙期には多くの反応が得られますが、閑散期にはあまり反応がありません。

まずは、あなたのお店の山と谷を理解し、それに沿って年間計画を立ててください。

閑散期になってあわてるのではなく、1年間全体で目標予算を達成すればそれでいいですよね。クリスマスの時期に、1年間の8割以上の売上げを上げるケーキ屋さんもあるほどです。

仮に、あなたのお店の1年間の売上目標が3000万円の場合、毎月250万円ずつ売上げてもいいし、繁忙期の1ヶ月間に2500万円を売上げて、残り11ヶ月間で500万円を細々と売上げてもいいわけです。

大切なことは、販売促進と収支計画を**年単位**で計画すること。この計画通りに進むと、閑散期にあわてることがなくなります。

空中戦と地上戦　～偉大な経営者の最初の一歩～

最近は**インターネット広告**が人気ですね。

リスティング広告やFacebook広告など、さまざまな広告手法が生まれています。これらは日々進化しており、ターゲットの属性（住所や性別など）を絞り込んで広告を出稿することができます。

そこで最近は、インターネット広告を中心に集客を行なうお店や企業が増えていますが、とくに地域密着型店舗の場合は**アナログ販促**を実施したほうが、短期的に集客できる可能性があります。

アナログ販促とは、インターネット広告などのデジタル販促とは真逆の広告手法であり、**あなたのお店の商圏エリア内で告知活動を行なっていく方法**です。

具体的に、私がおすすめするのは**ピンポンポスティング**です。

ピンポンポスティングとは、商圏エリア内の家を1軒1軒訪問して、各家庭のインターホンを「ピンポ〜ン♪」と鳴らしながらチラシを手渡していく手法です。

このピンポンポスティングは、人気コンサルタントの白岩大樹氏が名付け親であり、白岩さん自身、クライアント先で実践し、数多くの成功事例を生み出しています。

なぜ、私がピンポンポスティングを推奨するのか？　と言うと、他の広告手法に比べて圧倒的に**高い反応**を生み出すからです。

なぜ、高反応を示すと思いますか？　その答えは簡単です。

チラシに「人の気配」が加わるからです。

ここで、あなたの自宅のポストの中を思い出してください。

毎日大量のチラシやDMが入っていますよね。あなたはそれらの広告を1つひとつ真剣に見ますか？　おそらく、ほとんどの人が見ないはずです。いくら有名デザイナーがつくったおしゃれなチラシでも、見られなければ反応されることはありません。

しかし、ピンポンポスティングは違います。

商圏エリア内の家を1軒1軒訪問して、インターホンを「ピンポ〜ン♪」と鳴らしながらチラシを手渡していくので、手渡された広告をしっかり見ていただけるようになります。

チラシを「しっかり見る」と「見ない」……この差が反応の差になるのです。

もちろん、インターホンを鳴らしても留守の場合や玄関まで出てきてくれないパターンもありますが、そのような場合は、その場（インターホンの前）で丁寧で明るい口調で**挨拶**をしてください。

「近くでレストラン○○○（店名）を営んでいる□□（名前）と申します。本日はお店の案内をお持ちしました。チラシをポストに入れておきますのでぜひご覧ください。今後ともよろしくお願いします」

その家の住人が、このようなメッセージを聞いた上でポストの中のチラシを見たらどう感じるでしょうか？

「昼間に訪問してきたレストランのチラシね」というふうに、他の広告よりも真剣に見てくれるようになるはずです。つまり、チラシに「人の気配」を加えることで、チラシに対する注目度を上げることができるのです。

「しかし、1軒1軒の家のインターホンを鳴らしながらポスティングをするよりも、ピンポンなしでポスティングをするほうがより多くのチラシを配れるのでは？」と感じたあなた。

ここで、改めてチラシをポスティングする**真の目的**を考えてみてください。

チラシをポスティングする真の目的は、**来店客を増やすこと**です。**より多くのチラシを配ること**が目的ではありません。

一般的なチラシポスティングの反応率は、1000枚配って1〜2件の反応率ですが（反応率0・1〜0・2％）、白岩さんの実体験によると、ピンポンポスティングは50枚で1人反応することもあるそうです。50人に1人ということは反応率2％ですから、一般的なチラシポスティングの10〜20倍の反応率を示すということです。

また、1日で1000枚ものチラシを配るのは至難の業ですが、50枚程度であれば十分に実現可能な数字です。「来店客を増やす」という最終目標を実現する可能性が高いのは、果たしてどちらなのか？　考えるまでもありませんよね。

また、ピンポンポスティングには別のメリットもあります。

それは、**地域住民と仲よくなることができる点**です。

定期的に訪問活動を繰り返していると、だんだん地域住民と顔馴染みになっていきます。すると、1回目のポスティングでは反応（来店）しなかった人が、徐々に来店してくれるようになります。

このように、ピンポンポスティングは継続すればするほど、反応率を上げることができるようになるのです。

ピンポンポスティングに関するさらにくわしい情報や問い合わせは、白岩さんの公式サイトをご覧ください。

汗を流すコンサルタント白岩大樹公式サイト（https://www.upt-c.jp/）

「ピンポンポスティングの反応率が高いことはわかりました。でも、直接訪問をすると怒る人がいるのでは？」と感じたあなた。心配する必要はありません。

ピンポンポスティングをするときに、必ず意識してほしいことがあります。

それは、**「ピンポンポスティング＝挨拶をする活動」**であるということです。

とくに地域密着型店舗は地域に支えられながら営業をしているはずです。そんな地域に対して、**感謝の気持ち**を伝えていけばいいのです。

そして、その思いを伝えたついでに、お店の案内（チラシ）を手渡すというイメージです。


人は「売り込み」は嫌いますが、「挨拶」は喜んで受け入れてくれます。

たとえば、あなたの家の隣に新しい家族が引っ越してきました。しかし、誰も挨拶に来ません。あなたはどのように感じますか？　きっと多くの方が不快に感じるのではないでしょうか？（単身者マンションなどの場合は別ですが）

逆に、手土産を持って挨拶に来てくれたらどうですか？　ほとんどの人がうれしい気持ちになるはずです。

このように、人は「挨拶」に来られるとうれしく感じるものなのです。

地域密着型店舗は、地域に支えられながら運営しているわけですから、ピンポンポスティングを通じて、地域住民に挨拶をするのは当然のことだと思います。

このピンポンポスティングを**地上戦**とするなら、インターネット広告や新聞折込は**空中戦**と言えます。戦争で、空の上からミサイルをどんどん投下していくイメージです。これはなかなか当たりません。

しかし、地上戦は陸上で1つひとつの建物を狙いますから、ほぼ確実に当たります。

また、インターネット広告や新聞折込みなどの空中戦は、パソコンや電話ですべてを手配できるのでスマートな印象を受けますが、とくに新店舗オープンの際は地上戦をおすすめします。

今では世界的企業となった、楽天の創業時も同じでした。

創業者である三木谷浩史氏は、楽天を立ち上げたとき、たくさんのお店を汗をかきながら訪問して、営業活動を行なったそうです。そして、ようやく13店舗のお店が賛同してくれました。

ここからは私の想像ですが、最初に出店を決めてくれた13店舗の経営者は、楽天に対する信頼感はなかったと思います。でも、目の前で汗をかきながら必死にサービスの説明している青年がいます。

当時は、まだインターネット通販がメジャーではなかったので、楽天に出店することで売上げが上がるとは到底思えなかったけれど、青年の汗と熱意に負けて出店を決めたのではないでしょうか。これが**地上戦の威力**です。

ちなみに、私も以前、ピンポンポスティングに挑戦したことがあります。

当時行なっていたのはインターネット事業ですが、まずは地元（福岡市）で行ないました。この事業は店舗向けのサービスなのでインターホンは鳴らしませんが、1つひとつのお店を直接訪問し、汗をかきながらサービスの説明をしたところ、そこから多くの顧客を集めることができました。

実際に訪問したお店から注文が入ると、無上の喜びを感じたものです。同時にリスティング広告なども行なっていましたが、地上戦は空中戦では得られない効果と感動が得られました。

だから、もしあなたが繁盛店をつくりたいのであれば、三木谷さんのように汗をかき、まずは地域内で1人でも多くの**ファン客**をつくってください。

空中戦はスマートで汗をかくことはないけれど、それを完全コントロールすることは至難の業だし、多額の経費がかかります。

なかなか売上げが上がらずに悩んでいる暇があったら、どんどん店の外に出て顔を覚えてもらいましょう。ほぼ確実に繁盛店をつくることができる方法です。

……いかがでしたか？

1～2章では、お客様数を増やすために**「売れる広告のつくり方」**について解説しました。

いよいよ3章からは、1～2章で得られたお客様のリピート率を高めていく流れを解説します。これが成功すれば、あなたのお店の利益率は大幅に上がっていくはずです。

すると、その後「0円販促経営」が実現する流れがいよいよ現実味を帯びてきます。

2章のまとめ

「０円販促経営」実現への道のりは、いよいよ核心部分に迫っていきます！

・「値引きや割引を求めるお客様」を集客したいのか、「値引きや割引を求めないお客様」を集客したいのかを真剣に考える。
・ビジネスは「価値」で勝負するか、「価格」で勝負するかの二択しかない。
・広告には、必ず「ハード要素」と「ソフト要素」の両方を魅力的に掲載する。
・あなたのお店でしか売っていない魅力的なオリジナル商品を用意すると、消費者はあなたのお店に行くしかないので来店率が高まる。
・広告の反応率を上げる最も強力な要素は「お客様の声」。
・広告では、なるべくわかりやすい文章を書く。とくに専門用語は注意。
・クーポン券の保存率が上がると使用率が上がり、反応率が上がる。
・限定要素を付けると、「いつか買いたい」を「今すぐほしい」に変えることができる。
・あなたの商品やサービスがお客様の生活を豊かにするものであれば、堂々と押し売りしよう。

・繁忙期の広告の量を増やすことで客数を増やし、そこで来店したお客様に対して「閑散期に再来店していただける仕掛け」を施すと、1年間全体の売上げを上げることができる。

・商圏エリア内の家を一軒一軒訪問するピンポンポスティングに挑戦しよう。

・起業時や地域密着型店舗は、空中戦より地上戦をしたほうが効果的。

Column 3 0円インバウンド集客

コロナ前である2019年に、熊本市の繁華街にある小さなバーの噂を聞きつけ、取材を申し込みました。

お店の名前は Glocal BAR Vibes（グローカルバー バイブス）。

Glocal（グローカル）とは、「グローバル」と「ローカル」を組み合わせた店主・山下さんの造語です。

そのお店は、連日外国人客で賑わっています。そこで、オーナーの山下さんにその人気の秘密をお聞きしたところ、「実は広告費はほとんどかけていないんですよ」との返事が。

まさに、**0円販促**を実践しているお店の集客ノウハウを聞くことができました。

「観光で訪れた外国人に来店してもらうためには何をすればいいのだろう？」――開業前の山下さんは考えました。

外国人が観光で日本を訪れているということは、当然どこかに宿泊しているはずです。そこで、お店をオープンする前、山下さんは地元のゲストハウスで半年間ほど働くことにしました。

ここでゲストハウスのオーナーさんと仲よくなることによって、その後宿泊客にバーを紹介してもらう流れをつくるために。

そして、この作戦は見事に成功します。バーをオープン後、そのゲストハウスからの紹介で、少しずつ外国人のお客様が来店するようになったのです。

また、熊本で民泊を運営している複数のオーナーさんにアプローチし、まずは彼らを山下さんのお店に招待しました。すると、ほとんどの方がお店を気に入ってくれ、パウチ加工したお店のチラシを民泊の部屋に設置してもらうように打診したところ、すべてのオーナーさんが快諾。

この施策により、次々と外国人客が来店し始めました。

民泊側も地域の情報提供につながるメリットがあるため、すべてのお店が無償で設置してくれたそうです。

ちなみに、大型ホテルなどには営業活動を行ないませんでした。

その理由は、民泊はそもそも部屋数が少なく、民泊運営者と宿泊客が密なコミュニケーションをとる場合が多いのですが、大型ホテルは部屋数が多く宿泊客も多いため、ホテルとお客様との関係性が希薄になりがちです。そうなると、情報はなかなか伝わりません。

だから、大型ホテルではなく、民泊運営者と直接接触したのです。

さらに、バーの店内には**撮影ポイント**を設置し、ここで撮影された画像は、お客様のFacebookやインスタグラムなどのＳＮＳを通じて世界各地の知人に情報発信されていきます。

その結果、ＳＮＳでお店の存在を知った知人が日本を訪れ、山下さんのお店に来店する流れがどんどん増えていきました。

ちなみに、近年日本を訪れる外国人は圧倒的にアジア系の人が多いのですが、グローカルにやってくる外国人客はそのほとんどがアメリカ人。お店のターゲット客をアメリカ・オセアニア・ヨーロッパに定めているそうです。その理由は、お店の**コンセプト**にありました。

グローカルが取り扱っているお酒は、そのほとんどが**焼酎**です。山下さん自身が80以上の蔵元を訪ねて仕入れた極上の焼酎ばかりです。

「外国人客に対しては、ワインや日本酒のほうがいいのでは？」と感じるかもしれませんが、山下さんはあくまで**焼酎文化**を世界に伝えていきたいと考えています。

そして、焼酎の魅力を理解してくれるのは、文化レベルが高く、お酒に対して造詣が深いアメリカ・オセアニア・ヨーロッパの人こそ理想の客層であると考え、彼らをお店のターゲット層に定めました。

これにより、アジア系外国人をターゲットにした一般的なお店との差別化にも成功したのです。

このように、集客の場面でさまざまな工夫をすることで、これまでほとんど広告費をかけずに繁盛店をつくることに成功しました。

実は、「グローカルバー バイブス」は今現在休業しています。

店内の撮影ポイントからSNSを通じて
世界各地の知人に情報発信されていく!

Glocal BAR Vibes（グローカルバー バイブス）

取材を行なったのがコロナ前であり、さすがに外国人客を相手にした業態では休業せざるを得ない状況だったのでしょう。

そこで、本書に掲載するかどうかを悩んだのですが、敢えて掲載することにいたしました。

そこには2つの理由があります。

1つ目は、いよいよコロナが収束しつつある今の時代において、同店の成功ノウハウは非常に有益であると感じたからです。

事実、すでに都心部や観光地には外国人客が増え始めており、これからの時代にこそ、山下さんの経営ノウハウが役立つはずです。

そして、2つ目の理由は、再び山下さんが立ち上がり、「グローカルバー バイブス」を再起することを願って掲載することにいたしました。

いつかまた山下さんの笑顔を見ることを楽しみにしております。

Column 4 販促費0円で「ハワイ旅行プレゼント企画」をつくる方法

プレゼント企画には、**「必ず当たる企画」**と**「必ずしも当たるとは限らない企画」**の2種類があります。

広告でよく見かける「抽選で10名様に○○○プレゼント!」という打ち出し方は、必ず当たるプレゼント企画です。一方、「くじを引いて当たりが出たら○○○プレゼント!」という打ち出し方は、必ずしも当たるとは限らないプレゼント企画となります。

くじを引いて当たりが出たら賞品をプレゼントするわけですから、当たりが出るかもしれないけれど、当たりが出ないかもしれないということです。これは確率の問題ですから当然ですよね。

この「必ずしも当たるとは限らない」という考え方をベースに、ある中古車ショップでは、次のような企画で多くの新規集客に成功しました。

「今お乗りのあなたの愛車のナンバーと同じ番号でハワイ旅行プレゼント!」

車のナンバーの4つの数字と、店頭に貼り出した4つの数字が見事に揃うと、「ハワイ旅行」をプレゼントするという企画です。

それ以外に、4つのうち3つの数字が揃うと2等、2つの数字が揃うと3等、1つの数字だけが揃った場合は4等というふうに、ハワイ旅行以外の賞品も用意しました。

たった４つの数字なので、消費者は「もしかしたら当たるかもしれない⁉」という期待感が膨らみ、さらに2～４等まで用意されていることによって、好奇心の強い消費者が押し寄せたのです。

しかし、冷静に考えるとわかりますが、１つの数字が揃う確率は10分の1なので、４つの数字がすべて当たる確率は１万分の１となります。……**当たるわけがありません**。

しかし、このような遊び心溢れる企画に消費者はつい惹き付けられてしまうのです。

また、消費者には企画への参加条件として、名前や住所、今乗っている車のナンバーや車種（またはほしい車の車種）などの**お客様情報**を記入していただきました。これにより、今実際に車を持っている、または車の購入を考えている**優良な見込み客リスト**を集めることができました。

そして、ここで集まった見込み客リストに対して、車の案内やさまざまなイベントや企画をご案内することで、スムーズに売上げを上げることができたのです。

ところで、一番気になる「ハワイ旅行」はこれまでに何人くらいが当選したと思いますか？

答えは……**０人です**。

企画をスタートして3年が経過しますが、いまだに当選者が現われていません。少し気の毒な気もしますが、応募要項には「必ず当たる」とは書かれてないので立派な合法施策といえます。ただし、注意点もあります。

プレゼント賞品として「ハワイ旅行」を用意する場合、当選者が現われた際の購入ルートを明確にし、あらかじめその賞品を購入するための経費を用意しておく必要があります。「必ずしも当たるとは限らない企画」でも、当選者が出る可能性はゼロではありませんからね。ただ、最近は格安航空券なども普及しているので、閑散期の平日で航空運賃だけに限定すれば、往復料金7～8万円程度で手配することもできます。

また、この考え方はいくらでも**応用**することができます。

携帯電話の下4桁の番号でもいいし、くじびき企画や何かにチャレンジして達成したらプレゼント進呈！　でもいいですね。

重要なことは、プレゼント企画には「必ずしも当たるとは限らない企画」があることを理解した上で企画をつくることです。

そして、何度か企画を繰り返し、どれくらいの確率で当選者が出るのかを検証してください。

広告の反応がよくて、当たる確率が低いことがわかれば、「ハワイ旅行」以上の思い切った企画を実施することも可能です。

ぜひ、チャレンジしてみてください！

3章

200年以上昔から重要視されてきた商売繁盛の極意

売れない時代の「米満和彦物語」

私は現在、福岡市で「販売促進」をテーマにした会社を経営しています。

それ以前は、福岡市の大手印刷会社の営業マンとして働いていました。その会社は、とにかく**ソフト力（企画力）**を重視する会社だったんですね。社長はいつもこう言っていました。

「見積り競争をするな！　とにかくソフト力（企画力）を磨きなさい。そうすれば、印刷代金が多少高くても、クライアントさんは必ず発注してくれるから」

そんな会社だったので、在籍した8年の間にかなり企画力が磨かれました。

企画をつくるために行なわれる企画会議では、毎回2～3の企画案を提出しなければなりません。しかも、内容が悪い企画案を出すと上司の怒りに火がつきます。まだまだ経験が浅い私は、そんな怒鳴られる毎日を過ごしていましたが、それを辛いとは感じませんでした。マーケティングスキルが高いメンバーに囲まれて鍛えられることで、自分自身の成長を感じることができたからです。

当時お世話になった会社は、その後も業績を伸ばし続けています。価格競争ではなく、ソフト力（企画力）を重視する経営戦略が、このような大成功を導いたのでしょう。

その後、私は32歳で独立起業を果たします。２００１年の春でした。

もともと、独立志向が強かったことと、印刷会社の営業マン時代には毎年1～2億円の売上げを上げ、新規顧客の開拓にも成功していましたから、「独立しても絶対に成功できる！」という自信があったことを覚えています。

また、当時の私はすでに結婚をしており、３歳の娘もいました。

絶対に失敗は許されない状況だったのです。

しかし、世の中はそんなに甘くはありませんでした。

当時はまだ事務所がなかったので、毎朝自宅から営業活動に出掛けます。クライアント数ゼロからのスタートだったので、とにかく営業活動をして仕事を獲得しなければなりません。

そこで、毎日福岡市の中心部に出掛けて、サラリーマン時代と同じように、いや、それ以上の熱量で**飛び込み営業**をしました。

高層ビルの最上階までエレベーターで昇り、1社ずつ訪問していく方法です。断られても断られても、訪問し続けました。そうしないと、米満家が路頭に迷ってしまいますからね。

当時は、デザイン会社として起業したので、「チラシやＤＭのデザインを承ります」というチラシ（案内）を持参して訪問し、説明を続けました。

しかし、まったく仕事を受注することができませんでした。

サラリーマン時代よりも、熱く真剣に説明をするのですが、誰も発注してくれません。

「なぜ、受注できないのだろう?」

その答えがわかりませんでした。そして、私は悩み始めました。

「やはり、独立起業したのは間違いだったのかもしれない……」

売上ゼロの日々が2ヶ月ほど続き、私は決断しました。もう一度どこかの会社に就職してやり直すことを。

その夜、私の思いを妻に告げたところ、妻は笑顔でこう言いました。

「そんなにあわてなくていいよ。まだ少しだけ貯金があるから。もう少しがんばってみたら?」

妻の言葉に涙が溢れてきました。そして、改めて自分自身を見つめ直すことにしたのです。


まず、営業方法を変えました。

「チラシやDMのデザインを承ります」という売り込み広告を持っていっても誰も発注してくれないのであれば、**「売り込みをやめよう!」**と決断したのです。

そのかわりに、**「自分自身(米満という人間)を売り込もう!」**と決めて、「米満和彦しんぶん」を持参することにしました。今現在、私が経営する株式会社ザッツのメイン商品である**販促ツール・ニュースレター**を、初めて私自身が作成した瞬間です。

「米満和彦しんぶん」には、私の趣味の話や将来の夢、家族の話などを書き記し、それを見込み客に持参する日々を繰り返しました。

すると、初めての仕事を受注することができたのです！

それだけではありません。

当時、見込み客として継続訪問していた10社から次々と仕事が舞い込み始めたのです。

「仕事の売り込み」を続けていたときは、まったく発注してくれなかった人たちが、**「人の売り込み」**に変えたことで、どんどん発注してくれるようになったのです。

なぜ、そのような現象が起こったと思いますか？

それは、**信頼感**が構築されたからです。

見ず知らずの人から、いきなり売り込まれても商品を買うことはありませんが、信頼できる人からは商品を買いたいと思います。

当時の私は、そんな単純なことにさえ気づかなかったのです。

独立起業後、私が最初に学んだことは**売上げを上げる順番**でした。

いきなり最初から売り込むのではなく、まず最初に信頼感を構築すること。順番としては……、

①信頼感を構築する
②商品を案内する

一見遠回りのように感じるかもしれませんが、この順番が**最速**です。

しかも、信頼感が構築されているから低価格競争に巻き込まれにくくなるメリットもあります。

今現在、私の会社にも時々セールスマンがやってきますが、彼らのほとんどが初対面で売り込んできます。しかし、このようなセールスを受けてその場で商品を購入したことは一度もありません（きっとあなたも同じですよね）。

だから、営業マンが売上アップを目指す場合は、まず最初に信頼感を構築する努力や工夫をすることをおすすめします。

さらに、**驚きの出来事**が起こります。

週に3回コツコツと配信していたメールマガジン「販促アイデア大全集」が、同文舘出版の編集長の目に留まり、商業出版のオファーが届いたのです。

「東京に来ることはできますか？　打ち合わせをしたいので」という編集長からの電話に舞い踊るほどの喜びを感じました。

……しかし、当時はまだ売上げ額が少なく、米満家の貯金も底をつきかけていたため、東京に行く飛行機代がありませんでした。

そこで、生まれ故郷である鹿児島に住んでいる両親に電話をかけて、飛行機代を振り込んでもらい、ようやく上京することができました。（両親には感謝です！）

同文舘出版さんとは今でもよいお付き合いをさせていただいており、これまで6冊のビジネス書籍（テーマはすべて販売促進）を出版させていただきました。

今お読みのこの本が、7冊目となります。

また、サラリーマン時代の上司は今ではその会社の社長となり、今でも時々アドバイスをいただいています。本当に感謝の気持ちしかありません。

そして、「米満和彦しんぶん」でニュースレターという販促ツールの魅力とその威力に気づいた私は、その後ニュースレターをメイン事業にして今現在に至ります。

ちなみに、江戸時代には日本の印刷技術が格段に進化し、時事性や速報性の高いニュースを掲載した**瓦版（かわらばん）**という読み物が人気を博しました。

ニュースレターの原点は、この瓦版にあると言われています。

200年以上昔から、人々に愛されてきた普遍の販促ツールをメイン事業にしていることに大きな誇りを感じます。

私は、まだまだ人生を振り返る年齢ではありませんが、すべての点が線となってつながっていることを感じます。この線がさらに変化しながら少しずつ伸びていくことを楽しみにしつつ、これからも精進していきたいと思っています。

生ビール3杯無料サービスで顧客情報を獲得！

ビジネスで最も重要なことは**お客様のリピート率アップ**です。

なぜなら、お客様のリピート率が上がらないと利益が増えないからです。

1～2章でご説明した通り、新規客を集めるためにはいろいろな努力をしなければなりません。魅力的な広告をつくったり、チラシを配布するなどの努力です。そこには多額の経費と時間と労力がかかります。

たとえば、化粧品を販売する通信販売業界では、最初に「無料お試し5点セット」などの無料サンプル商品を配ります。そして、この無料サンプルを請求した見込み客に対して、あらゆる方法でアプローチを続けることで、ようやく利益が得られるようになります。

この無料サンプルを配るためにかかる経費は、見込み客1人につき、業界平均で5000

円～2万円と言われています。さらに、この中から一部の人がようやく商品を買ってくれるわけです（ここで初めて売上げが上がる）。

いかに、新規集客に多額の経費がかかるかをご理解いただけることでしょう。

それではなぜ、通販業界はそれほどの経費をかけて見込み客を集めていると思いますか？

その答えは簡単です。

それでも十分に儲かるからです。

見込み客（無料サンプルを請求した人）は、**化粧品に興味がある人たち**ですよね。その見込み客に対してDMやメルマガを送ることで、その後一定割合の人が商品を買ってくれます。

そして、ここからが最も重要なポイントですが、一度買ってくれたお客様に対してその後も継続的にアプローチをすることで**定期的な購入**を促します。

2回目以降の購入では、無料サンプルは必要ありませんから、1回目の購入よりも多くの利益を得ることができるようになります。

さらに、3回目、4回目と連続購入してくれると、お客様の購入頻度がわかるようになるので、その頻度に合わせてDMを送ることで、さらに効率的に売上げを上げることができるようになります。なかにはDMが届かなくても、リピート購入してくれるお客様も現われます。

このようにして、購入回数を増やすことで販売促進にかかる経費を最小化していき、利益を増やしていくのです。

これは、店舗型ビジネスでも同じです。

初来店客を獲得するためには、クーポン券を掲載したチラシを配る必要があるかもしれませんが、来店回数を重ねるほど販促経費は下がっていきます。

事実、私は長年通い続けている美容室では、クーポン券などを利用したことは一度もありません。美容室のポータルサイトやクーポン情報誌を探せば、そのお店の割引情報は手に入るかもしれませんが、それらを探したことはありません。

なぜなら、そのお店に満足しているから。

きっと、あなたのお店の常連客も同じような心理状態ではないでしょうか。

繰り返しますが、ビジネスで最も重要なことは、お客様のリピート率アップです。その理由は、初来店客からはほとんど利益が得られないからです。

一度、あなたのお店の利益の割合を分析してみてください。おそらく利益の7～8割以上は、リピート客（既存客）から得られているはずです。

それほど、既存客は重要なお客様であるということです。

それでは、どうすればお客様がリピートしてくれるのでしょうか？　その答えは……、

一度来店したお客様に接触し続ければいいのです。

これは、お客様の立場に立てば理解できますよね。一度試しに行ったお店からその後何度もアプローチをされれば、「また行ってみようかな」と感じますが、アプローチがなければそのような感情は芽生えません。飲食店も美容室も、世の中にはたくさんありますから、より熱心にアプローチしてくれるお店に行くのは当然です。

そこで、ぜひあなたのお店でも**接触活動**をしてみてください。接触し続ければ、お客様のリピート率は必ず上がります。

この接触には、DMやメルマガ、LINEなどさまざまな方法があります。若いお客様が多いお店の場合はLINEがいいかもしれないし、ファミリー客にはDMがいいかもしれません。

方法論は、お客様の属性によって決めればOKです。

ただし、お客様にアプローチするためには**お客様の個人情報**が必要です。DMを送るので

あれば住所を、メルマガを送るのであればお客様のメールアドレスを聞く必要があります。

美容室やエステサロンなどでは、初来店したお客様にカルテを書いてもらうことが習慣化されているので、ここでお客様の個人情報を取得することができます。

一方、飲食店では個人情報を取得するお店が少ないですね。とくに居酒屋などの場合は、「お客様はお酒を飲んでいるので個人情報を聞きづらい」と感じている方が多いようですが、それなら**特典**を付与してください。

たとえば、「この用紙にお名前や住所をご記入いただいたら、生ビール1杯プレゼントします」と打ち出せばどうでしょう？　きっと、ほとんどのお客様が喜んで住所を書いてくれるはずです。

先ほど、化粧品の通販業界の事例では1人の見込み客リストを獲得するのに業界平均で5000円〜2万円かかると言いましたが、この点で、飲食店や美容室などの店舗型ビジネスは非常に恵まれています。

「初来店＝売上げ確定」ですから、この売上げ金額の中から、お客様情報を聞き出す経費を捻出することができます。

「生ビール1杯」で反応が悪い場合は、「生ビール3杯」にすればいいと思います。生ビールの原価は1杯150円程度なので、3杯でも500円以下でお客様の個人情報を取得することができます。通販業界に比べれば、はるかに低いコストで個人情報を得ることができるのです。

繰り返しますが、**一度来店したお客様からは必ず個人情報を取得するようにしてください**。ここで個人情報を取得できなければ、その後アプローチすることができなくなりますから、リピート率は格段に下がってしまいます。

つまり、いつまでたっても利益が増えない悪循環に陥ってしまうのです。

ビジネスにおいて最も重要なことは、お客様のリピート率アップであり、それを実現するためには、お客様の個人情報の取得が欠かせないのです。

世の中のほとんどのお店はそれほど重要ではない

前項で、「一度来店したお客様に接触し続ければリピート率が上がる」とお話ししましたが、なぜそうなると思いますか？

そこでまず、**お客様がリピートしない理由**をご説明します。

過去、多くの企業がこのテーマで市場調査をしたところ、お客様がリピートしない代表的な理由は2つしかなかったそうです（それ以外にもさまざまな理由がありましたが、90％以上が2つの理由で占められていた）。

まず1つ目の理由は、**お客様があなたのお店を忘れているから**。

これは、飲食店や衣料品店などに多く見られる理由です。

「そんなバカな！　実際お店に来店して商品まで購入してくれたのに忘れるはずがない！」と感じるかもしれませんが、これは事実なので仕方がありません。

私は定期的にセミナー活動を行なっており、講義中に「みなさんがお住まいの地域でおすすめの居酒屋を5店舗教えてください」という質問をします。すると、この質問に対して即座に回答できる人はほとんどいません。

2～3店舗を思い出す人はいますが、5店舗はなかなか思い出せないようです。

しかし、仮に1年間に5店舗の新しいお店に行った場合、40歳の方なら今までに100店舗以上の新しいお店に行っているはずです。それなのに、年齢にかかわらず、即座に回答できる人はほとんどいません（読者のあなたは思い出せますか？）。

つまり、これが**あなたのお店を忘れている状態**です。

しかし、時々次のような経験はありませんか？

知人に誘われてある居酒屋に行った際、「そういえば昔、このお店に来たことがあるなあ！」と感じた経験が。

……もうおわかりだと思いますが、**お店を忘れている状態＝思い出せない状態**ということです。

ある日偶然、過去に行ったことがあるお店に行けば、そのお店のことを思い出すことからもわかる通り、お店の存在を完全消去しているわけではありません。ただ単に、「思い出せない」だけなのです。

なぜ、このような状態になると思いますか？　その原因をわかりやすくご説明します。

私たち人間の脳には、パソコンと同様、**メモリ（記憶できる容量）**があります。

いつも行っているお店や印象がよかったお店のことは覚えていますが、それ以外のお店の記憶はどんどん**古いフォルダ**に入っていきます（実際にそうなっているわけではありませんが、そのようにイメージしてください）。

「古いフォルダ」に入った記憶はなかなか思い出すことができないので、「おすすめの居酒屋さんを5店舗教えてください」と質問しても回答できないのです。

それでは、なぜ「古いフォルダ」に入ってしまうのでしょうか？

それは、あなたのお店が重要ではないからです。

これは、あなたのお店だけではなく、世の中のほとんどのお店が重要ではないという意味です。

たとえば、あなたが大病を患い、その病気を治すことができる病院が日本に1つしかない場合、その病院はかなり重要ですよね。当然、その病院は**重要フォルダ**に入ることになります。

しかし、あなたのお店がなくなっても、地域住民はそれほど困りません。飲食店にしても美容室にしても、地域内に他の店舗がたくさんありますからね。

そのような「重要ではないお店」はどんどん古いフォルダに入っていきます。

しかし、古いフォルダに入った情報は完全消去されるわけではありません。知人に誘われて、たまたまそのお店に行ったら思い出すのが何よりの証拠です。

これを回避する方法は……、

あなたのお店の存在が古いフォルダに入らない努力をすればいいのです。

そして、その具体的な方法こそが**定期接触**なのです。

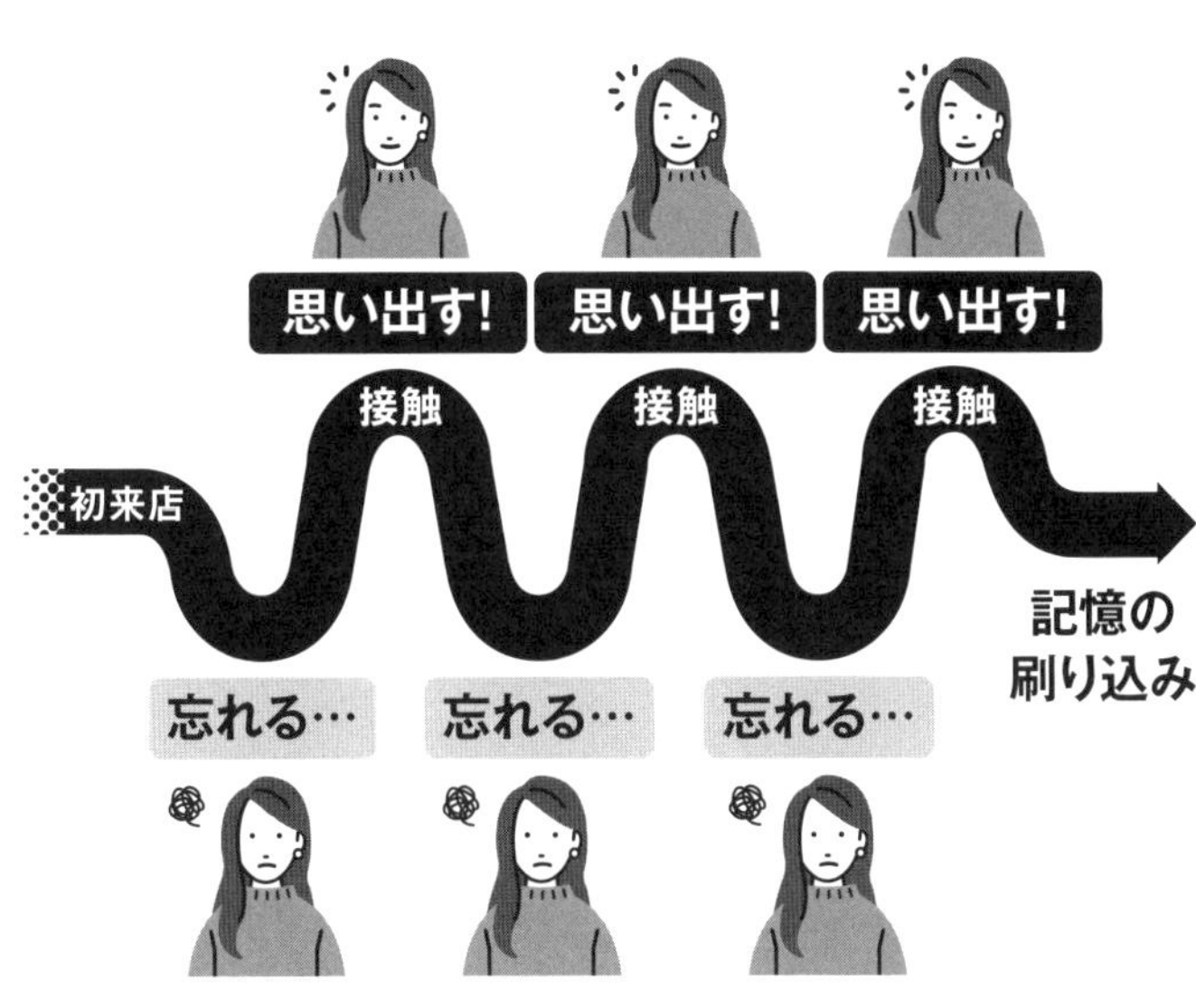

有名なエビングハウスの忘却曲線によれば、私たち人間は20分以内に約４割のことを忘れるそうです。１日後には約7割、１ヶ月後には約8割のことを忘れていきます。これを阻止するために接触をするのです。

すると、上の図のように**「忘れる→思い出す→忘れる→思い出す」**を繰り返すことになります。私の経験上、これを３ヶ月〜半年間繰り返すと、**脳に刷り込まれた状態＝すぐに思い出す状態**になります。

こうなると、「おすすめの居酒屋さんを5店舗教えてください」と質問されてもすぐに思い出すことができるようになりますから、たとえば会社で宴会を行なう場合、あなたのお店が選ばれる可能性が格段に高くなるのです。

つまり、広告なしでもお客様の再来店が実

現するということです。

お客様に接触し続ければ、リピート率が上がるのは当然なのです。

浮気客が密かに抱えている悩みとは……？

お客様がリピートしない代表的な理由の2つ目は……、**お客様が再来店しづらくなっているからです**。

これは、美容室や整体院などで多く見られる理由です。

たとえば、いつもあなたのお店（美容室）に来店してくれていた女性客Aさんがある日、自宅近くにオープンした新しい美容室に行ったとします。つまり、**浮気**されてしまったということです。消費者にとって、新しいお店に行くことは刺激的だし、そもそもお店を選ぶ権利はお客様にしかないので、これを100％防ぐことは不可能です。

しかし、この浮気客の中の一定割合のお客様は、新しいお店に満足できません。初めてのお店だから信頼関係が構築されていないし、お店のスタッフにとってはAさんの好みがわからないため、満足できる施術ができないからです。そのとき、Aさんはこのように感じます。

「もう一度、前のお店（あなたお店）に戻りたい！」

しかし、その後Aさんが再来店する可能性はほとんどありません。なぜだと思いますか？

来店間隔が空きすぎてしまって、再来店しづらくなっているからです。

その理由をご説明します。

女性が美容室に行く平均的な来店間隔は3ヶ月に1回です（男性は短髪の人が多いので毎月行く人が多いかもしれませんが、女性の平均値は3ヶ月に1回程度）。

Aさんが、直近であなたのお店に来たのが4月の場合、新しいお店に行ったのは7月となります。

この時点で、Aさんはあなたのお店に戻りたいと考えていますが、その次にお店に行くタイミングは10月になってしまいます。

飲食店なら、すぐにお店に行くことができますが、美容室の場合は髪が伸びないため、3ヶ月に1回しか行く必要性がないからです。

こうなると約半年もの間、あなたのお店に行けないことになります

だから、行きづらいのです。

これが、来店間隔が空きすぎてしまって再来店しづらくなっている状態です。

でも、ご安心ください。

「お客様がリピートしない代表的な2つの理由」を**払拭する方法**があります。

それは**定期接触**であり、とくに私が強くおすすめするのが、**ニュースレター**です（私が独立起業時に発行した「米満和彦しんぶん」のような定期接触ツール）。

次ページのように、ニュースレターのタイトルや目立つ部分に**「この新聞は当店の大切なお客様だけにお送りしています」**と書き記して、お客様に定期送付してください。

すると、これを読んだAさんは、「私はまだ大切なお客様と思われているんだ！」と感じることができるようになり、**再来店する勇気**が湧いてきます。

これがきっかけで、再来店してくれる確率が格段に上がるのです。

だから、お客様が浮気をした場合でも、一定期間はニュースレターを送り続けるようにしてください。新しいお店に行ったものの、そのお店に満足できないお客様は必ずいます。その人たちは、あなたのお店に戻りたいと思っています。

そのようなお客様の手元にニュースレターが届き、「この新聞は当店の大切なお客様だけにお送りしています」というメッセージを読めば、再来店する意欲が高まるのは当然です。

そうすることで、**一定割合の浮気客が戻ってきてくれるようになります**。

2017年3月号

株式会社ザッツの

月刊 商売繁盛新聞

この新聞は当店の大切なお客様だけにお送りしています

米満和彦のほのぼの日記

■先日、2日間連続でお城巡りをしてきました。旅行ではなく、ビジネスの一環ですが…。

初日は姫路城。さすが世界遺産ですね！その堂々とした佇まいに感動しました。

そして、翌日は大阪城。天守閣はもちろんですが、壮大なお濠に圧倒されてしまいました。かなりすごいです。大阪城！「この城を打ち破るのは至難の業だな～」と、なぜか戦国武将の気持ちで眺めてしまいました（笑）。

そして、これらの観光地では外国人がかなり多いことも気になったポイントです。今現在、2,000万人の訪日外国人ですが、2030年には6,000万人になるそうですね。今でもかなり多いイメージですが、2030年には今の3倍になるというから驚きです。ちなみに、今の日本の人口は1億2,000万人ですから、合計で1億8,000万人。そのうちの3人に1人が外国人になる計算です。これってすごいことですよね。今後ビジネスを行なっていく上で、「日本人だけ」を相手にしていくのか、「日本人＋外国人」を相手にしていくのか、慎重に考えるべきポイントになりそうですね。

しかし、2日間連続のお城巡りは感動しました。次回は家族で行きたいな～。

明石焼きを堪能♪

見てください！この壮大なお濠を！

今月の占い　3月1日（水）～31日（金）の運勢

1月生まれ　これから夏場にかけてのプランを立てて。一歩前進。

2月生まれ　急な冷えに気をつけて。調節の利く服装を心がけて。

3月生まれ　物事の中心になれそうな時。気配りを忘れずに。

4月生まれ　信頼が集まる時。信頼に応えられるように行動して。

5月生まれ　遠慮せず、自分ができることを積極的にやろう。

6月生まれ　気候とともに春の幕開け。心も体も軽快になれそう。

7月生まれ　遠方にご縁あり。久しい遠くの友人と連絡を取って。

8月生まれ　諦めずに粘り通すこと。それが成功への一番の近道。

9月生まれ　書類などの書き間違いに注意。よく見直して確認しよう。

10月生まれ　疎遠でも、お彼岸にはご先祖参りを。心が落ち着く。

11月生まれ　春のおしゃれは、白を基調に考えて。新鮮な気分に。

12月生まれ　口は災いの元。噂話には注意して。関わらないこと。

もちろん、ニュースレターはお客様がリピートしない1つ目の理由「お客様があなたのお店を忘れている」にも効果的です。

ニュースレターを定期送付することで、お客様の脳内で「忘れる→思い出す→忘れる→思い出す」を繰り返し、脳に刷り込まれた状態になるからです。

このように、ニュースレターを定期送付するだけで、90％以上を占めるお客様がリピートしない代表的な2つの理由を払拭することができるのです。ニュースレターの内容の良し悪しにかかわらず、ただ単にニュースレターをお届けするだけで、お客様のリピート率が上がっていくのです。事実、ニュースレターを定期発行しているお店は、高い確率で**利益率**が上がっていきます。

その理由は、お客様のリピート率が上がるからなのです。

このニュースレターでは、**「人の情報」**と**「こだわり情報」**を伝えるようにしてください。

「人の情報」とは、お店の店長やスタッフの個人的な話や日頃の出来事などを書いた記事です。このような情報を読めば読むほど、お客様はどんどんスタッフのことを好きになっていきます。共通の趣味が見つかれば、距離感がぐっと縮まることも珍しくはありません。

12月 お店のカレンダー

12月の定休日は○

1月 お店のカレンダー

1月の定休日は○

○親孝行デーと言う名の連休

編集後記

店長森田です。本年度も大変お世話になりました。今年のジャルダン新聞も今回が最後。毎回熟読して下さる方が多く、細かいところまでツッコミいただきました(笑)来年も色んなことに取り組んで沢山ご報告できたらと思います！

リッツカールトンでランチ！尾崎君はあのアワビを残してました(笑)

入社1年目の尾崎君が雑誌のヘアスタイル撮影担当。明井さんはメイク担当しました！

京都ハイアットホテルで忘年会！ビンゴ大会でディズニーチケット手にする強運尾崎！

ネット予約はコチラ！

〒561-0864豊中市夕日丘1-1-8
06-6849-1430
美容室Jardan
平日、土曜10：00～19：00
日曜、祝日09：00～18：00

ニュースレター

Vol.年末特大号

創業6年目の

ジャルトーーク

ジャルダンスタッフの超個人的な話。

今年書いたかきぞめ！

アシスタントリーダーの尾崎です！今年もありがたいことに土日にも関わらず三日間の有給休暇をもらって地元である富田林のだんじり祭に参加して来ました。
地元の友達や先輩、後輩とも久々に会えてプチ同窓会みたいでした。

僕も今年から副団長になるので、ジャルダンでのアシスタントリーダーと共に気を引き締めながら、更に気合を入れながら頑張ってやっていきます！

ココ↑(笑)

友達とオフショット

地車(じぐるま)と言って神輿(みこし)とは違うんです！
興味のある方はご説明しますので(笑)

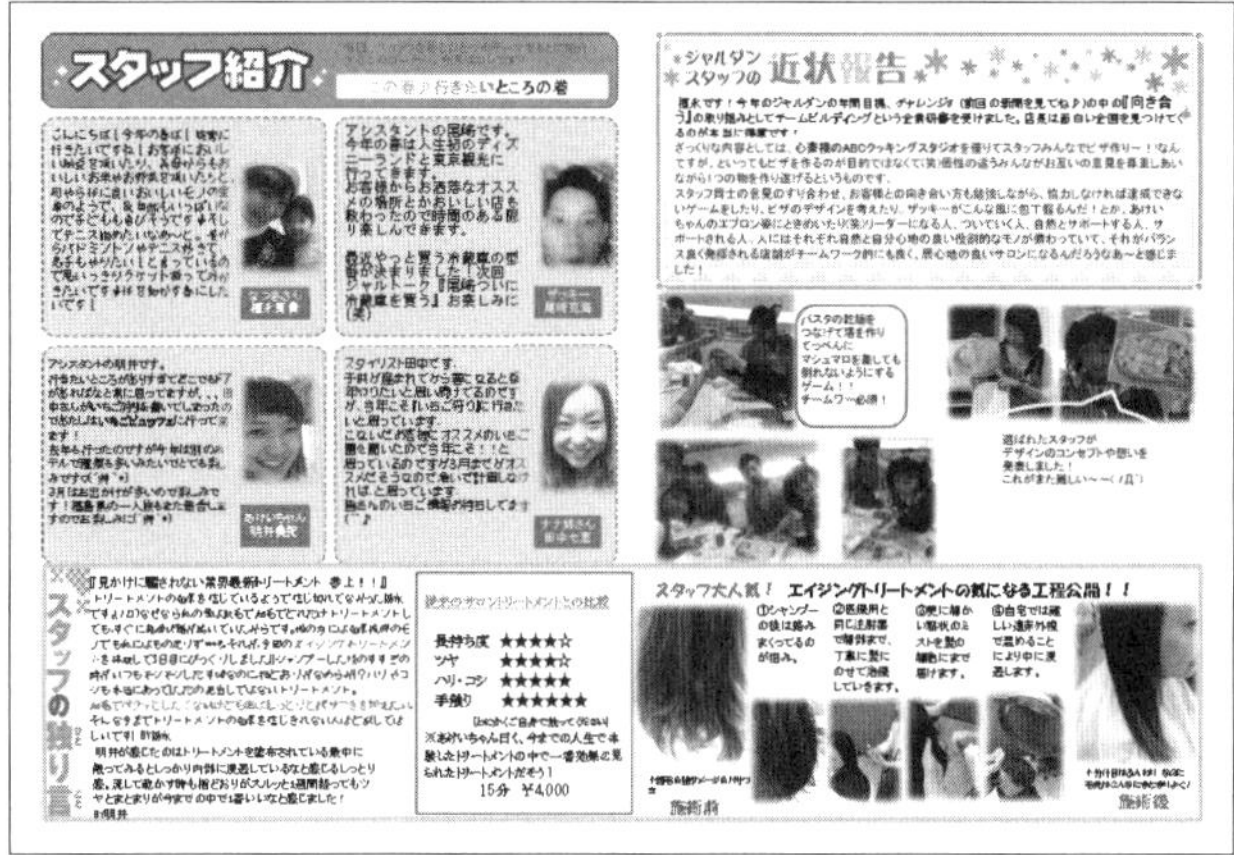

スタッフ紹介

この春♪行きたいところの巻

アシスタントの尾崎です。今年の春は人生初のディズニーランドと東京観光に行ってきます。お客様からお洒落なオススメの場所とかおいしい店を教わったので時間のある限り楽しんできます。

スタイリスト田中です。

ジャルダンスタッフの近状報告

バスタの乾麺をつなげて塔を作りてっぺんにマシュマロを乗しても倒れないようにするゲーム！！
チームワー～必須！

選ばれたスタッフがデザインのコンセプトや想いを発表しました！
これがまた難しい～～(´Д`)

スタッフの独り言

『見かけに騙されない業界最新トリートメント 参上！！』

従来のサロントリートメントとの比較

長持ち度	★★★★☆
ツヤ	★★★★☆
ハリ・コシ	★★★★★
手触り	★★★★★★

15分 ¥4,000

スタッフ大人気！ エイジングトリートメントの気になる工程公開！！

①シャンプーの後は絡みまくってるのが悩み。

②医療用と同じ注射器で毛先まで、丁寧に髪にのせて浸透していきます。

③更に細かい粒状のミストを髪の細胞にまで届けます。

④自宅では難しい遠赤外線で温めることにより中に浸透します。

施術前

施術後

美容室Jardan（ジャルダン）

大阪府豊中市夕日丘1-1-8

https://jardan-toyonaka.com

「こだわり情報」とは、商品やサービスに対するこだわり情報や仕事に対する思いなどを書いた記事です。お客様がこのような情報を読むと、商品やサービスの**価値観**が伝わるので値引きなしでも売れるようになるし、仕事に対する思いを読むと、ますますお店のファンになっていきます。

前ページに、当社クライアントの中でもとくに魅力的なニュースレターを作成している美容室ジャルダンさん（大阪府豊中市）の見本を掲載しましたので参考にしてください。

このように、「人の情報」と「こだわり情報」を伝えると、どんどんリピート客が増えていくことになります。リピート客は値引きや割引なしでも来店し続けてくれるようになりますから、これがあなたのお店の利益率を上げる大きな原動力となるのです。

世界一簡単な「お客様と仲よくなる方法」

ニュースレターで「人の情報」をお届けすると、大きなメリットが得られます。

それは、**お客様と仲よくなることができること**です。

ところで、あなたは合コンに行ったことがありますか？

独身の男女が出会いを求めて行なわれることが多い合コンでは、最初の段階でお互いのことを質問し合います。「趣味は何ですか？」「出身はどちらですか？」「血液型は？」というふうに。

彼らは、なぜこのような行動をとると思いますか？

それは、**お互い仲よくなりたいと思っているから**です。

たとえば、相手の趣味が旅行であり、質問をした人も旅行好きな場合、一気に会話が盛り上がります。このように、人と人は**共通点**があると会話が盛り上がるのです。

もちろん、共通点でなくても構いません。相手の答えが興味深いものであれば、それに対して質問をすることができます。そうすることによって会話が増え、お互いのことを知り、徐々に仲よくなることができるのです。

もうおわかりだと思いますが、ニュースレターで「人の情報」をお届けすることが、合コンの質問と同じ役割を果たします。

ニュースレターにあなたの趣味や出身地、日常生活の出来事などを書くことで、それを読んだお客様が高確率で反応するようになるのです。

たとえば、ニュースレターに「サッカー観戦が趣味で毎週スタジアムに通っています」という記事を書けば、それを読んだお客様が「どちらのサッカーチームが好きですか?」「私も興味があります!」というふうに反応してくれるようになります。

このような反応が得られたら、次にするべきことは**お客様への質問**です。

反応したお客様に、「○○さんはどちらのチームが好きなのですか?」と質問することで、今度はお客様の趣味を知ることができるようになります。

これを繰り返していくと、お互いの共通点がたくさん見つかるようになり、どんどん会話の量が増えて、仲よくなることができるようになります。

この流れこそが、**世界一簡単な「お客様と仲よくなる方法」**なのです。

ここで意識するべきことは、**先に情報をお届けすること**。

合コンでは、お互いに質問をすることで相手は答えてくれますが、販売者とお客様の間では、先にお客様に質問をしても答えてくれない可能性があります(とくに新規客の場合は、なかなか心を開いてくれない人もいる)。

だから、**まず最初にあなたの情報をお届けしましょう**。

そして、それに反応したお客様に質問をすることで、今度はお客様の情報を知ることができます。この順番を意識すると、どんどん仲がよいお客様が増えていくことになります。

そして、仲がよいお客様が増えると、当然来店回数や購入単価が増えていくことになります。つまり、売上アップに貢献することになるのです。

ニュースレターをお届けするとクチコミが生まれる!?

クチコミや**紹介**によって新しいお客様が来店したらうれしいですよね？

クチコミや紹介は販促経費がかからないし、そこで得られたお客様はすでに信頼感を抱きながら来店するケースが多いので、その後リピート客になりやすいというメリットもあります。

「しかし、クチコミや紹介はお客様に依存するものだから、それに頼ることはできないのでは？」と感じるかもしれません。

もちろん、クチコミや紹介を完全コントロールすることはできません。

しかし、それらが発生する確率を上げることはできます。

最近では、店内の装飾やメニューを工夫することでお客様に写真撮影をしていただき、FacebookやインスタグラムなどのSNSで情報発信してもらう企画が増えていますが、実はニュースレターも、強力にクチコミや紹介を生み出すことができるのです。

たとえば、ある女性が美容室を探しているとき、主な情報収集法は2つあります。

ひとつ目は、**インターネットで検索すること**。

2つ目は、**知人に聞く方法**です。

「今、美容室を探しているのだけれど、おすすめの美容室があったら教えて」

この質問に対して、知人は「いつも自分が行っているお店」を紹介することになります（それ以外のお店は知らないから当然です）。

そこで、あなたのお店が紹介されることになるわけですが、ここで**大きな問題**にぶつかります。**あなたのお店の名前や住所を口頭で説明する**という問題点です。

店名や住所を口頭で説明して、相手が覚えてくれればいいのですが、なかには覚えられなかったり、住所がよくわからない人もいます。

その結果、クチコミや紹介が生まれているのに、あなたのお店に新しいお客様がやってくることはない、という悲しい状況になってしまいます。とてももったいない話ですよね。

しかし、既存客にニュースレターを送っていると、知人にニュースレターを手渡す可能性が高まります。ニュースレターにはお店の名前や住所、わかりやすい地図などが記載されているので、紹介された方はスムーズにあなたのお店に辿り着くことができるようになるのです。

事実、ニュースレターを発行すると、ニュースレターを片手に来店する新規客が増えることが多々あります。

それではなぜ、ニュースレターを手渡すことになるのでしょうか？　その答えは簡単です。**ニュースレターは、保存率が高い販促ツールだからです**。

一般的なチラシやＤＭは、すぐに捨てられる可能性が高いのですが、ニュースレターには日頃お世話になっている店長やスタッフの写真が載っています。

知っている人の写真が載っている印刷物は捨てにくいんですね。

すると当然、保存率が上がります。

その証拠に、ニュースレターを発行すると、それをバインダーなどに綴じて保存するお客様が必ず現われます（とくにご高齢のお客様に多い）。保存率が高くなれば、それを知人に手渡す確率が上がるのは当然ですよね。

このように、ニュースレターにはクチコミや紹介が生まれるメリットもあるのです。

ディズニーランド型ニュースレターをつくろう！

さまざまなメリットがあるニュースレターですが、これを作成する際にぜひ意識してほしいことがあります。

それは、**楽しそうなニュースレターをつくるということ**。

紙面を見た瞬間に「楽しそう！」と感じることができれば、**精読率**が高まります。

なぜなら、人は「楽しそうなこと」が大好きだから。

ディズニーランドやＵＳＪなどのテーマパークは楽しいですよね。お笑いや映画も楽しい娯楽です。そのような「楽しい場所」には人が集まってきます。この習性を利用するわけです。

そこで、楽しそうなニュースレターをつくる具体的な方法を２つご紹介します。

1つ目は、**ニュースレターの紙面の中に写真やイラストを数多く掲載すること**。

文字だけのニュースレターからは楽しさはあまり感じられませんが、紙面の中に写真やイラストがたくさん載っていると、それだけで「楽しそう！」と感じられるようになります。とくに写真は、景色や風景の写真よりも、店長やスタッフなどの**人の写真**をより多く掲載することをおすすめします。

次ページをご覧ください。神奈川県川崎市で人気のおそうじマスターズさんの事例です。写真が豊富で、内容もとても楽しいニュースレターが完成しています。

2つ目の方法は、**カラフルな紙面にすること**。

モノクロ印刷ではなくカラー印刷を選び、さらにカラフルなデザインを心がけると楽しそうなニュースレターが完成します（最近はカラー印刷もモノクロ印刷もそれほど料金の差はない）。

これも、テーマパークと同じ理論です。

テーマパークや幼稚園の園内はカラフルですよね。その景色を見ただけでワクワクします。このように、人はカラフルなものを見ると「楽しそう！」と感じるのです。

しかし、時々「お店の雰囲気とイメージを合わせたい」という理由でシックな色合いの

【足で掃除するなんて？】

今回ご紹介するのは、実際にプロが使用しているアイテムを一般の家庭用に商品化している、昭和36年創業の掃除専門業者リスダンケミカルの「あっしの出番」。ベランダや玄関などの汚れを立ったまま落とすことができます。

紐の付いたパッドに足を乗せてこするだけ。足で掃除なんて行儀が悪い！とお叱りを受けそうですが、しゃがんで掃除をするよりも腰や膝への負担を軽減できて、手よりも力が入るので、掃除がラクちんなのです。

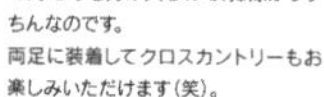

両足に装着してクロスカントリーもお楽しみいただけます(笑)。

皆さまに感謝！『お客様の声』

おそうじマスターズをご利用された皆さまにお聞きしました。

Q1. ハウスクリーニングを検討した動機は？
Q2. おそうじマスターのサービスはどうでしたか？

A1.エアコンの臭いが気になったため。

A2.遠方にもかかわらず、当日に対応していただいたことに感謝しています。また何かあればご利用させていただきたいと思いました。

(N様・東京都世田谷区)


A1.市販の洗濯槽クリーナーを何度かやってみたが、汚れが取りきれなかったから。

A2.自分では手の届かない場所をきれいに分解掃除していただけたので、お願いして良かったです。

(H様・横浜市青葉区)


A1.めんどくさがりで掃除をしたくない。でもユニットバスの汚れがいい加減気になってきた。

A2.最高。何ひとつ文句ないです。思っていた以上に良い仕上がりでした！

(T様・東京都世田谷区)

スタッフ日記

思いのままに書かせていただいています。

車田 大地 daichi kurumada

久しぶりに上野へ行ってきました。

上野動物園なんて、子供の頃に行ったきりだったので30年ぶりぐらいです(笑)。

しかし、猛暑のせいか動物たちもグッタリでした(涙)。不忍池の蓮の花がとても綺麗で思わずパシャリしました。
帰りはアメ横でスパイスを大量に買い、早い時間から飲んで上野を満喫しました！

石島 ひろし hiroshi ishijima

今日は何の日？毎日が記念日。
皆さまにもいろいろと記念日があると思います。私は年に2回、1番目と2番目に大切な記念日に葉山にある菓子店「LA MAREE DE CHAYA(ラ・マーレ・ド・チャヤ)」を訪れます。
あれ？今日はあなたの記念日では？

編集後記

昨年から決算月を8月に変更したので、9月は経営について年間でも一番考える時間が多い月になりました。

特に、9月に行なう「経営計画発表会」に合わせて「経営計画書」を作成するなど、下準備を夜な夜な行なっていました。

現時点では社内メンバーだけでの開催ですが、来年は取引先やお得意様にも公開できるような発表会にするべく緊張感をもって挑んでいます。

経営計画書

現場ではテキパキなメンバーが、パワーポイントを利用した発表となると、「新人」状態になるわけですが、それはそれで良い機会かな？と思っています。　(岩角)

おそうじマスターズ®　安全・安心・丁寧！ハウスクリーニング＆エアコンクリーニングはおまかせください！

OSOUJI MASTERS

住　所：〒211-0004 川崎市中原区新丸子東2-905-15 朝日ビル1階
受付時間：月～金 9:00～18:00　サービス提供時間 8:00～18:00　定休日 年中無休(受付は日曜日休み)　代表直通LINE id:iwakado
URL：http://osoujimasters.com　メール：info@osoujimasters.com　代表直通携帯 080-4447-9803

0120-95-9803
受付時間外はこちらまで 080-4447-9803

詳しいサービス・料金はこちらまで

★「おそうじマスターズ・メルマガ会員募集！」
月1回ペースで会員限定のお得なプランや情報を提供中。余計な告知には利用いたしません！ぜひご登録ください。

次号は2018年12月発行予定です。お楽しみに！

おそうじマスターズ
神奈川県川崎市中原区新丸子東2-905-15 朝日ビル1F
https://osoujimasters.com

ニュースレターを発行しているお店もありますが、そのような場合は楽しそうな写真をたくさん載せるといいですね。

この簡単な2つの方法を実践するだけで、ニュースレターの印象はガラリと変わります。楽しそうなニュースレターが完成すれば、当然精読率が上がるので、スタッフの人柄やサービスの情報がより伝わりやすくなります。その結果、売上げが上がるという流れです。ぜひお試しください。

「ニュースレター販促」について、さらにくわしく学びたい方は、拙著『売れる&儲かる！ニュースレター販促術』をご一読ください。

さらに奥深い「ニュースレター販促ノウハウ」と共にニュースレター事例も掲載しているので、参考になるはずです。

デジタル販促とアナログ販促の素敵な関係

この項では、**より効率的に利益を増やす方法**をご紹介します。

それは、**お客様ランキングをつくること**。

お客様ランキングとは、直近の1年間で1人のお客様からお支払いいただいた金額を足し算して、1位から順番をつけていくものです。

お客様リストが1000人分あれば、1位から1000位までをランク分けするのです。

ここで注意するべきことは、あくまで**お支払い金額の合計**でランク分けをすること。

では、具体的にご説明しましょう。

- **毎月1回来店し、1回の来店で2000円支払うAさん……1年間の合計金額は2万4000円**
- **半年に1回来店し、1回の来店で2万円支払うBさん……1年間の合計金額は4万円**

このような2人のお客様がいた場合、AさんよりもBさんのほうが上位にランキングされることになります。「来店回数」ではなく、シビアに「金額」でランク分けするようにしてください。

一見、来店回数が多いAさんのほうが「大切なお客様」という印象があるかもしれませんが、あなたが行なっている店舗経営は慈善事業ではありません。店舗経営の目的はあくまで利益を生み出すことですから、ここはシビアに判断してください。その上で、より上位のお客様を**特別扱い**していくのです。

お客様のランク分けが終わったら、次にすることは、**売上げの比率**を見ること。

一般消費者がお客様であるBtoCの場合、上位20～30％のお客様が、お店全体の70～80％の売上げを上げているはずです。多少の誤差はあるかもしれませんが、概ねこれくらいの割合に収まるお店がほとんどです。

仮に、上位30％のお客様がお店全体の70％の売上げを上げている場合、この30％のお客様が、これからもずっと来店し続けてくれれば、お店の売上げが大幅に下がることはありません。

つまり、上位のお客様はとても大切な存在であり、決して手離してはならないお客様ということです。

そこで、ニュースレターの発行部数は、ここで作成したお客様ランキングをもとに判断するようにしてください。

お客様ランキングを毎年見直し、常に上位30～50％のお客様に送ることをおすすめします。

なぜなら、長年お店を経営していると、お客様リストがどんどん増えていくからです。お客様リストが増えるに伴ってニュースレターの送付数を増やしていくと、年々送料や印刷費が上がっていきます。これでは、年々費用対効果が悪くなってしまいます。お店の売上げが大きく変わっていないのであれば、送付数も一定にするべきです。そこで判断軸になるのが、お客様ランキングなのです。

繰り返しますが、上位30～50％のお客様はあなたのお店の売上げの大部分を担っていますから、このお客様にはニュースレターを送って確実に定期来店してもらう必要があります。海外のある大学で調査したところ、まったく同じ情報をメルマガと印刷物でお客様に送ったところ、反応率や精読率などの面で圧倒的にアナログツールのほうがよい結果を示したそうです。

だから、より重要視すべきお客様にはアナログ販促をおすすめします。

さらに、「下位のほうのお客様にも情報を届けたい」と感じる方は、メルマガやLINEなどの**デジタルツール**で情報発信することをおすすめします。

デジタルツールは、情報を1人に送っても100人に送っても経費はあまり変わらないので、すべてのお客様リストに情報発信するのに向いています。

つまり、上位のお客様にはアナログ販促で、お客様全体にはデジタル販促で情報をお届けするとよいでしょう。

これが、**デジタル販促とアナログ販促の最も素敵な関係**と言えます。

お客様には非合理性を徹底的に追求しよう!

ニュースレターを発行してお客様のリピート率が上がったら、さらに**ファン客づくり**に取り組んでいきましょう。

ニュースレターは、お店側の情報を多くのお客様に一斉にお届けできるので、**「1対多の販売促進」**と呼びます。お店（1）から複数のお客様（多）へ情報を届けるという意味です。

これに対して、ファン客化は**「1対1の販売促進」**を用います。

お店（1）が1人ひとりのお客様（1）にアプローチしていく方法です。

代表的な方法は、**手紙やハガキで手書きメッセージを送る方法**です。

「しかし、1人ひとりのお客様にメッセージを書くのはかなり時間がかかるのでは？」と感じるかもしれませんね。そのような場合は、もともと絵柄が載っているポストカードを利用すると、手書きメッセージを書く範囲が小さくなるのでおすすめです。

次々ページの図のように、2〜3行程度のメッセージを書いて送ってみてください。お客様はとても喜んでくれるはずです。

では、実際に計算してみましょう。

ポストカードに2〜3行の手書きメッセージを書く時間を1枚5分とすると、30分で6枚書くことができます。スタッフが3人いれば18枚。これを毎日続けると、1ヶ月に20日間出勤した場合、360枚書くことができます。

先ほどのお客様ランキングで、上位30〜50%のお客様が500人いる場合、1人のお客様に対して2ヶ月に1回のペースで手書きメッセージを送ることができる計算になります。

たった1日30分程度の時間で。

「そんなに頻繁に送る必要はありません。年2回くらいで十分」という場合は、1日10分程度ですむことになります。

いかがですか？　1対1の販売促進はそれほど時間がかからないことをご理解いただけたかと思います。

また、メッセージは必ずしも手紙やポストカードである必要はありません。Facebookメッセンジャーや LINE、メールなどでメッセージを送ってもいいでしょう。

ちなみに、私がおすすめするポストカード業者は、ポストカード専門店キンコーズポストカードです。

https://www.kinkos.works/

かなり多くのポストカードを揃えているので、あなたが望む絵柄が必ず見つかるはずです。

ただし、この個別メッセージを送る際には**注意すべき点**があります。

それは、次ページのように、**お客様1人ひとりに合ったメッセージを送ること**。

たとえば、サラリーマンの山田さんには次のようなメッセージを送ります。

「いつもお仕事お疲れ様です。これから忙しい時期になりますね。笑顔が素敵な山田さんのスマイルパワーでがんばってください！　また映画の話を聞かせてくださいね」

このようなメッセージを受け取ると、お客様は**感動**します。

「自分のためだけにわざわざメッセージを書いてくれたんだ！」と感じるからです。

個別メッセージの例

✕ 悪い例（誰にでも当てはまるメッセージは感動しない）

先日はご来店いただき、ありがとうございました。またのご来店をスタッフ一同お待ちしております！

美容室シャンプー　スタッフ一同

◯ 良い例（お客様1人1人に合ったメッセージを書くと感動する）

先日はご来店、ありがとうございました。北海道旅行の話、とってもおもしろかったです！
また話を聞かせてくださいね。わくわく
次回のご来店も楽しみにお待ちしてます！

美容室シャンプー　スタッフ一同

逆に、「先日はご来店いただき、ありがとうございました。またのご来店をお待ちしています」というメッセージは**誰にでも当てはまるメッセージ**なので、あまり感動しません（そもそも、そのようなメッセージは同じ内容なので印刷すればよい）。

だから、メッセージを書く場合は、「誰にでも当てはまるメッセージ」ではなく、「1人ひとりのお客様に合ったメッセージ」を書くようにしてください。

会社やお店の経営はなるべく**合理的**に行なうべきです。無駄な経費は排除し、なるべく効率的に経営していくべきです。

しかし、ファン客づくりでは**非合理性**を追求しましょう。

なぜなら、人は「非合理的なこと」をされると感動するからです。

たとえば、お客様がお帰りの際、お客様の姿が見えなくなるまで店先で頭を下げている飲食店の女将さんの姿を見かけることがあると思いますが、この行動は非合理的ですよね。お見送りなどせずに、さっさと店内に戻って接客をしたほうが合理的です。

しかし、そんな非合理的な行動にこそお客様は感動するのです。

だから、ファン客を増やしたいのであれば、お客様が喜ぶ非合理的な施策をどんどん考えて、実行していきましょう。

しかも、徹底的に！

このようにして、「1対多の販売促進」と共に「1対1の販売促進」を行なっていけば、お客様のリピート率は必ず上がっていきます。

お客様のリピート率が上がると、お店の売上げと共に利益が増えていきます。

つまり、**商売繁盛**が実現していくのです。

3章のまとめ

- 売上げを上げる順番は　①信頼感を構築する　②商品を案内する
- ビジネスで最も重要なことは、お客様のリピート率アップ。これを実現する方法は、一度来店したお客様に接触し続けること。
- お客様に接触し続けるために、必ずお客様の個人情報を取得しよう。
- お客様がリピートしない代表的な２つの理由……

①お客様があなたのお店を忘れているから、②お客様が再来店しづらくなっているから

これを回避する具体的な方法は定期接触であり、おすすめの方法はニュースレターの発行。

・ニュースレターでは、主に「人の情報」と「こだわり情報」を伝えると成功しやすくなる。「人の情報」をお届けすると、それが会話のネタ元となって会話が増え、お客様と仲よくなることができる。

・ニュースレターは保存率が高いので、クチコミや紹介が生まれやすい。

・楽しそうなニュースレターをつくれば精読率が上がり、情報が伝わりやすくなる。その結果、売上げが上がりやすくなる。

・ランキング上位30〜50%のお客様には、必ずニュースレターを送る。

・上位のお客様にはアナログ販促で、お客様全体にはデジタル販促で情報発信をしよう。

・「1対多の販売促進」と「1対1の販売促進」を行なえば、お客様のリピート率は必ず上がる。

Column 5 ブログのたった1記事で4時間の行列待ち

「0円販促」の代表的ツールとして、**ブログ**をおすすめします。

ブログもメルマガと同様に、目新しいツールではありませんが、今でも十分に効果を発揮することができます。

そこで、私の知人であるブログのスペシャリストをご紹介します。株式会社BuzzCreate（バズクリエイト）の小屋真伍さんです。小屋さんは、今までにさまざまな業種でブログ構築の指導を行ない、そのほとんどすべてで成功を収めてきました。

たとえば、佐世保バーガー（長崎県佐世保市で有名なハンバーガー）を販売しているある飲食店では、ブログをスタートさせてからみるみる業績が上がっていきました。

実際に食べたことがある方はわかると思いますが、佐世保ハンバーガーはとてもおいしいのです。しかし、地域内には佐世保バーガーを販売しているお店がたくさんあります。そんな激戦区の中、オープンしたそのお店は完全な**後発組**。この状況で勝つのは至難の業でした。

しかし、小屋さんの指導によりブログを始めたところ、みるみる検索順位が上がっていき、今では常に検索上位3位以内に入るようになりました。佐世保市は観光地としても有名ですから、インターネット検索で来店するお客様がかなり多いのです。

ブログの効果で、あるイベントでは4時間待ちの行列ができるほど!

Google　ダイエット　方法

食事制限なし・運動なし！医学者も大絶賛の痩せる体質に変える新時代の**ダイエット法**

「マジで簡単に痩せた」| 通勤や家事がトレーニングに
広告 www.beautylab.tokyo/ ▾
通勤・家事などの日常生活をトレーニングにする**ダイエット法**を試したら簡単に8キロ減。

ダイエット　方法に関連する検索キーワード

ダイエット方法 **一覧**	ダイエット 方法 **男**
ダイエット方法 **診断**	ダイエット方法 **食事**
究極ダイエット方法	**成功した**ダイエット方法
ダイエット方法 **ランキング**	ダイエット方法 **運動**
ダイエット方法 **中学生**	**自分に合った**ダイエット方法 **見つけ方**

Goooooooooooogle ›
1 2 3 4 5 6 7 8 9 10　次へ

さらに、ブログの快進撃は続き、あるイベントでは**4時間待ちの行列**ができるほど反応しました（前ページの上の画像をご覧ください）。これが**ブログの威力です**。

それでは、どうすれば威力があるブログを構築できるのか？　というと、そこには**正しい手順**があります。

まず、ブログの記事を書く際に**検索キーワード**を意識する必要があります。好き勝手な記事を書いても、誰も検索してくれませんからね。

たとえば、ダイエットをしたい方がインターネットで検索する場合、「ダイエット　方法」などで検索するはずですよね。このように、一般消費者が検索するであろうキーワードを意識しながら記事を書くわけです。

記事のタイトルや本文中に「ダイエット　方法」という単語を入れながら記事を書くと、当然「ダイエット　方法」で検索した場合に上位表示される可能性が高くなります。

……と、ここまでが**一般的なブログの書き方**です。

数年前ならこの方法で上位表示することができましたが、今の時代はなかなかうまくいきません。なぜならインターネット上にブログやホームページが年々増え続けているから。

「ダイエット　方法」といった、誰でも想像できるキーワードで書かれた記事はインターネット上にたくさんあるので、なかなか上位表示されないのです。

そこで、小屋さんのノウハウが役立ちます。

まず、Googleで「ダイエット　方法」で検索します。すると、検索画面の一番下の部分に「関連キーワード」が表示されます（167ページの下の画像をご覧ください）。

この「関連キーワード」には「ダイエット　方法」以外のキーワードが表示されるので、ここでさらに**新しいキーワード**を発見することができます。たとえば、「ダイエット　方法　運動」や「ダイエット　方法　食事」などのキーワードを見つけることができるのです。

「ダイエット　方法」といっても、いろいろな方法がありますよね。運動や食事制限、サプリメントやエステサロンの痩身メニューなど。「ダイエット　方法　運動」というキーワードは、その中でもとくに「運動」に特化したキーワードであることがわかります。そこで「ダイエット　方法　運動」で記事を書くのです。

「ダイエット　方法」ではライバルが多いかもしれませんが、「ダイエット　方法　運動」は「ダイエット　方法」よりもジャンルが絞られているのでライバルの数は少なくなります。

だから、上位表示されやすくなるということです。

これ以外にも小屋さんのノウハウは多岐にわたりますが、このような正しい手順でブログを構築していけば、必ずアクセス数は増えていきます。アクセスが増えれば、当然来店や購入が増えていきます。しかも、そこにかかる経費はほぼ**無料（0円）**。

やらない手はありませんよね！

Column 6 3色ボールペン型オプション回数券で利益アップ！

あなたのお店では**回数券**を販売していますか？

私は業種を問わず、回数券を販売することをおすすめしています。

なぜなら、**回数券を購入したお客様は高確率でリピート来店してくれるからです**。

たとえば、1回700円の入浴料のスーパー銭湯であれば、それを11枚綴りで7000円で販売するのです。お客様にとっては1回分お得になるし、お店側にとっても11回の来店が**確定**するメリットがあります。

「しかし、回数券を販売すると、キャンペーンなどで回数券が売れた月の売上げは高くなりますが、それ以外の月の売上げが下がってしまいますよね」という意見を聞くことがありますが、2章でもご説明した通り、会社経営は**年単位**で考えるべきです。

たとえば、毎月500万円を売上げる会社の年商は6000万円ですが、これを1年の中のある1ヶ月で売上げても問題はありませんよね。そこで大金が入るからといって無駄遣いをせず、しっかりと1年間の収支計画を立てて会社を経営していけば、問題はありません。

また、回数券を購入したお客様はその後高確率でリピート来店してくれます。回数券を購入しているから当然ですよね。

経営者の中には、「今まで来店してくれているお客様は、とくに何もしなくても今後も来店し続けてくれるはずだ」と思っている人もいますが、それは**100%確実なこと**でしょうか？

お客様には、「お店を選ぶ権利」があります。家の近くに魅力的なお店がオープンすると、そのお店に行く可能性があります。

しかし、回数券はほぼ100%リピート来店してくれます。これから支払う予定のお金を先に支払っていただいているからです。

そんな回数券ですが、ひとつだけデメリットもあります。

それは、お客様にとって**購入金額が大きくなること**。

だから、初回は回数券を購入したものの、2回目以降は回数券を購入しなくなるお客様が必ず現われます。ここで、継続来店がストップしてしまう危険性があるのです。

でも、ご安心ください。この問題を見事に解消する方法を紹介します。

その方法は、**3色ボールペン型オプション回数券**。

知人の向井邦雄さんが経営しているエステサロン「ロズまり」では、回数券を細かく分解して販売しています。

一般的なエステサロンでは、たとえば「痩身コース」というふうに総合的なサービスの回数券を販売することが多いのですが、ロズまりでは「痩身コース」としてまとめて販売するのではなく、「脂肪を温める機械の回数券」や「セルライト除去マシンの回数券」「筋肉運動マシンの回数券」というふうに、サービスごとに回数券を用意しているのです。

そうすることで、お客様には2つのメリットが生まれます。

1つ目は、**回数券を支払う金額が低くなる点**です。

「痩身コース」という総合サービスの回数券では金額が高くなりますが、それぞれのサービスに分割して回数券を用意することで、1つひとつの回数券の金額は低くなります。

2つ目のメリットは、**その日の気分によってサービスを選ぶことができる点**です。

回数券は、それぞれのサービスに分割されているので、その日の気分しだいで自由に受けたいサービスを受けることができます。

そして、この方法はお店側にも大きなメリットがあります。

それは、**それぞれのサービスの回数券を使い終わるタイミングが異なること**。

たとえば、ある日「脂肪を温める機械の回数券」を使い終わっても、「筋肉運動マシンの回数券」が残っています。だから、お客様は来店し続けてくれます。

その間に、再び「脂肪を温める機械の回数券」を購入していただくことで、さらにリピート率は上がっていきます。

これは、私たちが日頃使用する**3色ボールペン**と同じ原理です。

赤・青・黒色の3色ボールペンを使用していると、3色のうちの1色がインク切れになります。

そこで、インク切れになった色を補充します。すると、次のタイミングでは別の色のインクが切れてしまうので、また補充します。3色のすべてのインクが同時に切れることはないので、永遠に補充して使い続けることになるわけです。

このアイデアを考案した向井さんは、今ではエステサロン業界では知らない人がいないほどの有名人となり、これまでに執筆した書籍はすべてベストセラーになるほどの人気ぶりです。

とくにおすすめの書籍**『お客様がずっと通いたくなる小さなサロンのつくり方』**（同文舘出版）には回数券の活用法もくわしく掲載されています。

美容サロンはもちろん、それ以外の業種でも使えるノウハウが満載ですよ！

4章

「0円販促経営」を実現しよう！

1〜2章では、お客様数を増やすための「売れる広告のつくり方」について解説し、3章では、そこで得られたお客様のリピート率を高めていく流れをご説明しました。

リピート率を高めるための具体的な方法は、「1対多の販売促進」と共に、「1対1の販売促進」を行なうことでしたね。

ここまでの流れがうまくいくと、リピート客の数がどんどん増えていくので、お店の利益率がかなりよくなっているはずです。

しかし、本書はそれだけでは終わりません。

4章では、**日々の営業の中でお客様に対して、何を提供すればいいのか？**

その具体的な「答え」を明らかにします。

これを理解して実践していけば、お客様のリピート率が上がるのはもちろん、客単価や来店（購入）頻度も上がっていきます。そして、客単価が上がったお客様には**「さらなる提案」**を行ないましょう。

これにより、あなたのお店の利益を**最大化**することができます。

そして、その先に待っているのは……**0円販促経営**。

いよいよ、物語はクライマックスへ突入していきます！

「売上げ＝客単価×客数×来店（購入）頻度」のウソ!?

お店の売上げを上げる方法を考える場合、あなたはどのような方法を考えますか？

きっと、ほとんどの人が**「お客様を増やす」**と考えるのではないでしょうか。

お客様を増やす、つまり、新規客を増やすということです。

しかし、売上げを上げる方法は他にはないのでしょうか？

勉強熱心なあなたなら、**「売上げ＝客単価×客数×来店（購入）頻度」**という方程式をご存じだと思います。

たとえば、あなたのお店の状況が、

客単価（全顧客の平均値）……4000円
1年間の客数（来店回数ではなく人数）……2000人
来店（購入）頻度（全顧客の平均値）……年4回

である場合、あなたのお店の年商は**4000円×2000人×年4回＝3200万円**となります。

ここで改めて、あなたのお店の売上げを上げる方法を考えてみましょう。
今現在の客単価は４０００円ですが、これを４５００円に上げることができれば、

４５００円×２０００人×年４回＝３６００万円

というふうに、４００万円も上げることができます。

客数や来店（購入）頻度を変えなくても、売上げを上げることができるのです。

次に、客単価と客数はそのままで、来店（購入）頻度を１回増やしてみましょう。

４０００円×２０００人×年５回＝４０００万円

なんと、売上げを８００万円も上げることができました！

もうおわかりだと思いますが、売上げの方程式は**掛け算**なので、どれかひとつの要素を増やせば、お店全体の売上げを一気に上げることができるのです（当然、いずれかの要素が減ればお店全体の売上げも下がる）。

つまり、あなたのお店の売上げを増やす方法は「お客様を増やす」だけではないということです。客単価を増やしてもお店全体の売上げは増えるし、来店（購入）頻度を上げても売上げは増えるのですからね。

そこで、書籍やセミナーなどで「客単価・客数・来店（購入）頻度のすべてを１・２５倍

にしましょう」という理論を説く人がいます。3つの要素をそれぞれ1・25倍にすると、1・25×1・25×1・25＝1・953……というふうに、**約2倍**になります。

「客数を一気に2倍にするのは難しいけれど、3つの要素をそれぞれ25％ずつ上げることは簡単ですよね」というわけです。

たしかに、この話は理論上は正解です。3つの要素をそれぞれ25％ずつ上げていけば、全体の売上げが2倍近くになりますからね。

しかし、私はおすすめしません。この話は理論上は正解ですが、**現実的ではない**からです。

その理由をご説明しますね。

客単価を上げるためには、新商品の開発や値上げの告知をしなければなりません。

客数を増やすためには、広告の量を増やす必要があるでしょう。

来店（購入）頻度を上げるためにはDMの量を増やしたり、来店間隔を短くするための商品開発が必要となってきます。

……これらをすべて同時に行なうことは、はっきりいって不可能です。

大企業なら可能かもしれませんが、私たち中小企業では難しいということです。

そこで、私がおすすめする方法は、まず最初に**客単価を上げる努力**をすること。

たとえば、あなたのお店がカット・カラー・パーマを販売している美容室の場合、カットだけを注文しているお客様に「カラーはいかがですか？」と問いかけるのです。カットが5000円、カラーが1万円であれば、今までカットだけを注文していたお客様にカラーまで提供できれば、そのお客様の単価を一気に1.5倍に上げることができます。

また、**新サービスを加える**という考え方もありますね。

たとえば、最近流行りのネイルサービスを導入し、これをお客様に案内すれば、客単価を上げることができるようになります。

勘がよい方はお気づきだと思いますが、ここでネイルサービスの提供に成功すれば、そのお客様の**来店頻度も上がります**。

いつもカットだけをしている女性客の来店頻度が、「3ヶ月に1回」である場合、カットだけを販売していたら年4回しか来店してくれませんが、そこにネイルサービスを提供できれば、毎月来店してくれるようになります。

今までは、年4回しか会わなかったお客様が年12回に増えるのです。

すると、そのお客様とはどんどん仲よくなることができます。接触回数が増えるから当然です。

つまり、客単価を上げる努力をすると、同時に来店頻度も上がる可能性が高まるのです。

だから、おすすめの順番としては次の通りです。

①客単価アップ　②来店（購入）頻度アップ　③客数アップ

なぜ、「客数」が最後なのか？　と言うと、販売促進の中で「客数アップ」が**一番難易度が高い**からです。

先述した通り、新聞折込みやチラシポスティングでは、「センミツ」という言葉がある通り、1000人にチラシを配っても2～3人しか反応しません。

一方、いつも来店しているお客様に対して別メニューをおすすめしたり、ネイルサービスなどの新たな価値を提供するのはそれほど難しいことではありません。

だから、まず最初に客単価を上げる工夫をしてほしいのです。

また、「客数アップ」は、チラシなどの広告を制作したり、配布するなど時間もお金もかかりますが、「客単価アップ」は、いつもカットだけを注文するお客様に「カラーはいかがですか？」と問いかけるだけなので、**明日から即実行できます**。

わざわざ、茨（いばら）の道を歩む必要はありませんよね。

もちろん、新店舗オープンの時や販促費に余裕がある場合は、「客数アップ」を選んでもいいと思いますが、なるべく低コストで売上アップを実現したい場合は、まず最初に「客単価アップ」を目指すべきでしょう。

そこで、最初の段階で利益を増やしましょう。

客数が半減しても売上げが変わらない秘密

「しかし、それでも客単価を上げることには抵抗感を感じる」という方もいるでしょう。そこで、ある美容室でとても興味深い話を聞きましたので、ご紹介します。

そのお店では、主力商品であるカット・カラー・パーマを、ライバル店よりも低価格で打ち出していました。つまり、**「価格」で勝負をする経営**をしていたわけです。

ライバル店よりも低価格なので、集客に困ることはありませんでした。しかし、毎月末に収支を計算するとほとんど利益が残っていません。

それでもお客様はどんどん来店し、お店には活気があったので、何が間違っているのかがわからなかったそうです。

しかし、やがてスタッフたちは疲弊していきます。どんどんお客様が来店するのでしっかりと休憩をとることもできなかったため、スタッフたちのモチベーションが下がっていったのです。

売上げは上がるけれど、利益は残らない。しかも、スタッフたちは疲弊している……。店主は、「何かが間違っている」と感じたそうです。

そこで決断したのが、**低価格路線からの脱却**でした。

主力商品であるカット・カラー・パーマの価格を、少しずつ値上げしていったのです。

具体的には、10～20％くらいの幅で数ヶ月ごとに少しずつ値上げをしていったところ、来店客が少しずつ減っていきました。それでも店主は値上げを続けます。

もちろん、長年ご来店いただいているお客様や、他のお客様よりも多くお支払いいただいているお客様には、「値上げの理由」を丁寧に説明しました。

最終的に、数年間で2・5倍の値上げを行なったそうです。

すると当然、客数も大幅に減りました。

しかし、ここで**非常に興味深い結果**が得られたのです。

数年間で2・5倍の値上げを行なった時点で、残ったお客様の数は、元の40％程度だったそうです。約4割のお客様は価格が上がっても、「そのお店に行きたい」と感じてくれたのです。

価格を2・5倍にして客数が40％に減少した。

……ということは、**売上げはそれほど変化しなかったということです。**

2・5×40％＝1ですからね。

その一方で、**スタッフのモチベーションは上がっていきました。**

客数が少なくなった分、1人ひとりのお客様にしっかりと対応できるし、休憩時間も確保できます。

それ以上に、モチベーションを高める要因となったのが**お客様の存在**です。

残ってくれたお客様は、価格が上がっても「お店に行きたい」と感じてくれるとても大切なお客様ですから、やる気が上がるのは当然ですよね。

これは、残ってくれたお客様にもメリットがありました。

客数が少なくなったので、以前よりもゆったりと過ごせるようになったから、「うれしい」と感じるお客様が増えたのです。

当然、スタッフには時間的余裕があるので、1人ひとりのお客様に対してしっかりと施術をすることができます。

その結果、お客様の満足度がどんどん上がっていき、しだいに**紹介客**が増えていきました。

これにより、一時的に客数が減少したものの、やがて客数が増えていき、売上げと共に利益も増えていきました。

値上げをすることにより、お客様とスタッフの満足度が上がり、さらに客数増加にも貢献したのです。

まず最初に、客単価アップに取り組むことで大成功した事例です。

「信頼感」と「満足度」

前項では、いつもカットだけを注文するお客様に別メニューを注文していただくことで客単価を上げましょう、というお話をしました。

それでは、どうすれば追加注文をしてくれるのでしょうか？　実は、その方法は簡単です。


信頼感と満足度を上げる努力をすればいいのです。

ここで、印刷会社の営業マン時代の私の話をします。

当時、私は飛び込み営業をすることで新しい取引先を開拓していました。

見込み客先に何度も足を運ぶことで、**小さな信頼感**が芽生えるのでしょう。最初は名刺印刷などの小さな仕事をいただくことができるようになります。

そこで、魅力的なデザインをして、名刺の印刷物を納品することで、お客様は喜んでくれます。

満足度が少しだけ上がった瞬間です。

すると、次はチラシの注文をいただくことができるようになります。そこでも一所懸命アイデアを捻り出し、反応率が高いチラシを納品することで、またお客様が喜んでくれます。

すると、次はページ物のパンフレットを依頼していただけるようになります。

……このように、1つひとつの仕事をしっかりと行なうことで、お客様の信頼感と満足度を上げることができるようになるのです。なかには、チラシの折込みの手配まで依頼してくれる会社もありました。「印刷」という範囲を超えた注文です。

このようにして、それぞれのお客様の発注額を増やすことができるのです。

人は「信頼できる人（会社）」にまとめて仕事を依頼したいと思っています。

複数の仕事を別々の会社に依頼するのは手間がかかるし、管理もたいへんです。しかし、発注先に信頼できる人（会社）がいれば、その人により多くの仕事を依頼したいと思うのは当然です。

これは、美容室や飲食店などの店舗でも同じです。あなたのお店に対する信頼感と満足度が上がれば、カットもパーマもカラーもネイルサービスも、すべてお願いしたくなるのです。

「客単価を上げる＝押し売りをする」ではありません。

お客様の信頼感と満足度を上げる努力をすることなのです。

松下幸之助作戦

「街のでんきやさん」をご存じですか？

松下電器、現在のパナソニックが日本全国に広げたFC型の店舗網です。そのほとんどが、家族経営の小さなお店です。

1980年代後半の最盛期には、2万7000店あったというから驚きです。

ちなみに、コンビニのセブンイレブンは今現在2万店舗ですから、いかに「街のでんきやさん」が多かったのかを想像できると思います。

このような全国規模の販売網を築き、一代で世界的な企業をつくったのが、創業者の松下幸之助氏です。「経営の神様」として知らない人はいませんよね。

それでは、なぜ松下電器は世界的な企業になったと思いますか?

そこにはさまざまな要因がありますが、「街のでんきやさん」がその一因とも言われています。

この店舗網には、**絶対に儲かる仕組み**が施されていたのです。

それは、メーカーである松下電器が新商品をつくった際、**全国の「街のでんきやさん」は、新商品を必ず1台以上仕入れなければいけないというルール**がありました。

つまり、新商品は必ず2万7000台以上売れるということ。絶対に赤字にならない仕組みです。これこそが、絶対に儲かる仕組みであり、これが原動力となって松下電器を世界的企業に押し上げたのです。

私は、この仕組みを**松下幸之助作戦**と名付けました。

松下電器とはスケール感が大きく異なりますが、実は私の会社にも似たような現象が見られます。

私は定期的にビジネス書籍を出版したり、セミナー映像を販売したりしていますが、いつも必ず購入してくれる人がいます。商品のジャンルが異なっても、いつも注文履歴にはその方々の名前があるので、強く印象に残っています。

そんなある日、いつも商品を購入してくれるある方と一緒にお酒を飲む機会がありました。その方はいくつもの会社を経営しており、今さら私の本や映像で学ぶことなどないと思われるほどの成功経営者です。そこで、お礼と共に質問をしてみました。

「いつもありがとうございます。ところで、映像はご覧いただけましたか？」

すると、驚きの返事が返ってきました。

「すみません。まだ見ていません」

その後も、いろいろと質問をしたところ、購入した本や映像の半分くらいをまだ視聴していないことが判明しました。そこで私は、思い切ってその真意をたずねてみました。

「それではなぜ、いつも私の商品を購入していただいているのですか？」

その方は、少し照れたような表情でこう言いました。

「いつも米満さんのメルマガを読んでいて、本や映像を発売したことを知るとつい買ってしまうんです。米満さんががんばっている姿を見て、つい応援したくなって……」

この言葉に、私は衝撃を受けました。本や映像に興味があるわけではなく、私を応援したいから購入していると言うのです。

もちろん、本や映像を視聴していただきたいという思いはありますが、それ以上に大きな喜びを感じることができました。

きっと、このような現象はあなたのお店でも起こっているはずです。

新商品や新サービスを発売したら、必ず購入してくれるお客様がいるのではないですか？

その人こそが、あなたやあなたのお店の**ファン客**なのです。

「街のでんきやさん」の店舗数は2万7000店ですが、中小店舗の場合は**300～500人**ほどのファン客がいれば、半永久的に儲かり続けることができるはずです。

そのようなファン客を増やすためには、何をすればいいのでしょうか？

それこそが、**お客様の信頼感と満足度を上げる努力**なのです。

この努力を続ければ、規模は違いますが、あなたのお店でも、必ず「松下幸之助作戦」が実現できるはずです。

「お客様に花束を」企画で大繁盛！

お客様の信頼感と満足度を上げるために、**販促企画**も工夫しましょう。

たとえば、お客様の誕生日にバースデーカードを送る企画があります。「お誕生日おめでとうございます」というメッセージの下には、「このハガキをご持参いただければ10％ＯＦＦいたします」という特典付きで。

お客様にとってはとてもうれしい企画ですが、それは**物理的（金銭的）な喜び**に過ぎません。チラシに載っている割引クーポン券と同じです。

これに違和感を感じたあるお店では、お客様の誕生日に**花束を贈る企画**を行ない、お客様からとても喜ばれています。その喜びは**感動**に近いものかもしれません。物理的（金銭的）な喜びではなく、**心の喜び**だからです。

ここで改めて、**お客様の誕生日をお祝いする意味**を深く考えてみましょう。

お祝いメッセージの下に割引が表示されている瞬間に、それはお店の売上アップが目的であることが感じられます。もちろん、お客様にとって割引はうれしいことですが、それは「祝ってもらう喜び」とは少し異なります。

しかし、「お客様に花束を」企画は、お店の売上アップには直接貢献しません。ただ花束を贈るだけの企画ですから当然ですよね。

でも、お客様はそんな企画に感動します。

見返りを求めない企画だからこそ、そこに大きな喜びを感じるのです。

実際、あなたの誕生日に自宅に花束が届いた場面を想像してみてください。とくに、花好きな女性の場合はとても感動するのではないでしょうか？

セミナーなどでこの事例を話すと、「お客様の誕生日に花束を贈る企画は知っています」と言う方が多いのですが、これを実際に実践しているお店はどれくらいあると思いますか？

少なくとも、消費者としての私は今までの人生で、お店から花束をもらった記憶はありません（男性だからかもしれませんが）。

そう。**ほとんどの経営者が「お客様に花束を」企画を知っているけれど、実践はしていないのです**。

すると、これを実践したお店は目立ちます。他では得られない感動をもらった唯一のお店だから当然ですよね。

そして、大きな感動をもらったお客様はそのお店に通い続けることになります。

先ほど、「お客様に花束を」企画は見返りを求めない企画と言いましたが、この企画を行なうことで、結果的にお客様のリピート率が上がり、お店の利益率が上がっていくことになるのです。

ちなみに、「お客様に花束を」企画にかかる経費は、1人のお客様に対して年間で約3000円程度です。近隣の花屋さんと毎年数百人のお客様に花束を贈る契約を結ぶことで、相場よりも安くしていただいているそうです。

また、発送作業もすべて花屋さんが行なってくれるので手間もかかりません。

一方、お客様の支払い額は平均で年間約4万円。その中から3000円を捻出すればいいので、十分に利益は残ります。

注意点としては、初来店から日が浅いお客様には花束を贈りません。最低でも1年以上の来店が続いたお客様に限定した企画です。

その理由は、来店歴が浅いお客様とはまだコミュニケーションが不十分であり、そのようなお店から花束が届くと心理的負担になると考えているからです。

このお店は、「お客様に花束を」企画だけで長年繁盛し続けています。

あなたのお店でも、お客様に「心の感動」を与える企画を考えてみませんか？

お客様の信頼感と満足度を上げるための販促企画とは、見返りを求めない企画なのです。

100人のお客様を200人にする方法

来店客のほとんどが主婦である美容室があるとします。

このお店のお客様の信頼感と満足度を上げることができれば、次に「旦那さまご招待キャンペーン」をすれば成功するでしょう。

奥様は、あなたのお店を自信をもっておすすめすることができますから、**ここで100人のお客様（主婦）を一気に200人（夫婦）にすることも夢ではありません。**

しかも、いつもご来店いただいているお客様に「旦那様ご招待キャンペーン」のチラシを手渡すだけなので、広告費もほとんどかかりません。

もちろん、主婦客の中には旦那様と一緒に来店することをためらう人もいるので、現実的に客数が2倍になることはありませんが、これを「ご家族ご招待キャンペーン」にすれば、まったく不可能な話ではありません。

美容室やエステサロンでは「紹介キャンペーン」を企画するお店が少なくありません。「お友達と一緒にご来店で、あなたとお友達の両方に素敵な特典を差し上げます」という企画ですね。

しかし、ほとんどの「紹介キャンペーン」はうまくいきません。なぜだと思いますか？

その理由は**不安感**です。

「紹介した友達がお店を気に入らなかったらどうしよう」という不安感があると、紹介は生まれません。いくら魅力的な特典を用意したとしても、紹介率が高まることはありません。

しかし、既存客の信頼感と満足度が最大限に高まっていればどうでしょう？

お客様は、自信をもってあなたのお店を紹介してくれるようになります。紹介キャンペーンなどを企画しなくても、紹介客が増えるかもしれません。

事実、顧客満足度が高いお店ほど新規集客を行なっていません。当社のクライアントにも、そのようなお店がたくさんあります。

一方、「紹介キャンペーン」を行なったものの、うまくいかないお店の多くが、失敗の原因をキャンペーンの内容に求めてしまいます。

「特典の内容が魅力的ではなかったのかもしれない。だから、次はもっと魅力的な特典を用意しよう」というふうに。

しかし、「紹介キャンペーン」がうまくいかない根本的な原因は別のところにあるのです。

それは、**「あなたのお店が紹介するべきお店かどうか」**という視点です。

つまり、あなたのお店が信頼できて、満足度が高いお店かどうか、が最も重要なポイントなのです。

「売り込み」をしないとお客様が逃げていきますよ！

お客様の信頼感と満足度を上げる努力をすれば、客単価や来店（購入）頻度が上がっていきます。この流れがうまくいくようになったら、その後にぜひ意識してほしいことがあります。

それは、さらに売り込むこと。

「売り込みをすると、お客様に嫌われるのでは？」と感じた方もいるかもしれませんが、それはあなたが売り込みに対して悪いイメージを持っているからです。

ここで説明する「売り込み」とは、質の悪い商品を高値で売りつけることではありません。


お客様の生活がより豊かになるための「さらなる提案」です。


数年前、私は新車を購入しました。その際、価格の安い普通車とデザイン性の高い人気SUV車で悩んでいました。もちろん、人気SUV車のほうが高額です。

その際、知人でもある車販売会社の社長からこう言われました。

「米満さんは、普通車よりもSUVのほうが似合いますよ！」

たったこの一言で、100万円以上高額の車を選んでしまいました。

そして、その時の私には**うれしい感情**が芽生えました。

今でもその車に乗っていますが、「あの時この車を選んでよかったな～」と満足しています。


そもそも、買い物（ショッピング）とは楽しい行為です。

支出は増えますが、買う行為そのものは気持ちがよいものです。

あなたも、私と似たような経験があるはずです。

たとえば、ダイエットをするためにジムに通うことを迷っているときに、ジムの店員さんから「一緒に頑張りましょう！」という一言で勇気づけられたり、シャツだけを買いに行ったお店で、ジャケットまで勧められて「とてもお似合いですよ！」という一言で購入を決断したという経験が。

その時のあなたの感情は、どのようなものでしたか？　決して悪い気持ちではなかったはずです。

このように、その商品を購入することで、お客様の人生がより豊かになる提案であれば、**お客様は「うれしい感情」を抱くのです**。

また、**商品の価格が高いか安いかの判断基準は、人それぞれ異なること**も覚えておきましょう。

あなたにとっては高額な商品でも、お客様にとってはそれほど高額とは感じられないかもしれません。

だから、商品をおすすめする時は**自分の物差し（尺度）で計ってはいけません**。

価格が高いか安いかではなく、その商品がお客様にとって有益であるかどうかで決めるべきなのです。

そこで、おすすめした商品が、その後のお客様の人生を豊かにすれば、必ず感謝されるはずです。

若い頃、私は苦い経験をしました。

新商品の企画会議に参加していたときのことです。

その会議では、新商品の広告について話し合うだけでなく、その商品の「価格」についても議論が行なわれました。そこで、私はその時点で決まっていた新商品の価格について意見を言いました。

「はっきりいって、その価格は高いと思います。もう少し価格を下げるべきです」

すると、この意見に対して上司から質問が寄せられました。

「なぜ、高いと思うの？　その理由は何？」

この質問に対して、私は明確に答えることができませんでした。ただ感覚的に高いと感じたために、そのような意見を言ったのです。

次の瞬間、上司から怒鳴られました。

「他人の財布をバカにするな！」

この一言に、私は大きな衝撃を受けました。

その商品の価格が高いか安いかの判断基準は、人それぞれ異なります。

その時点で決まっていた新商品の価格について、「高い」と感じたのは私だけの感覚的な意見です。そこに根拠などはありません。

その証拠に、その新商品は私が「高い」と感じた価格で実際に売り出され、大人気商品となりました。

価格設定において、大きな学びを得られた出来事でした。

事実、人は目の前に「のどから手が出るほどほしい商品」があれば、その商品がいくら高額でも購入します。とくに、家や車などの高額商品はローンを組んででも購入しますよね。これが何よりの証拠です。

また、世の中には美容商品やサービスに、毎月10万円以上支払っている女性がたくさんいます。美容室やエステサロン、化粧品や宝石の購入などですね。

とくに、40~50歳以上で少しお金に余裕がある層の女性は、美に対して毎月10万円以上出費することは珍しい話ではありません。

そのようなお客様は、毎月10万円の出費なので、年間に120万円以上のお金を美容のために支払っていることになります。

それに対して、全国的な美容室の年間の平均客単価は３万円程度です（女性の場合）。１回の来店で７０００円ほど支払い、年４回来店する場合が多いですからね。

ということは、美に対して年間１２０万円のお金を使っているお客様には「１１７万円分の余白」が残っているということです。

つまり、１１７万円分の提案ができるということ。

この潜在需要を見逃す手はありません！

そもそも、美容室に来ているお客様は美に興味がある客層なので、そのようなお客様に対して、化粧品や宝石を販売してもいいでしょう。

なぜなら、年間で１２０万円も使っているお客様は、**他のお店で購入しているのだから**。

いちいち、複数のお店をまわって購入するよりも、あなたのお店ですべての美容商品が手に入るのであれば、手間がかからないのでお客様も喜ぶし、何よりもお客様は、「信頼できる人（お店）から商品を買いたい」と思っているので、お客様にとってもお店にとってもメリットがあります。

ただし、すべてのお客様がそれを望んでいるわけではありません。

定期的に美容室に通っているお客様の中には、宝石に興味がないお客様もいるので、１人ひとりのお客様の嗜好やライフスタイルをしっかりと理解した上で提案するようにしてください。

定期的にご来店いただくお客様が５００人いれば、少なくとも1割の50人以上は美を追求しているはずです。

そのようなお客様を見つけ出し、どんどん「さらなる提案」をするべきです。

提案をすることで、そのお客様の満足度は上がっていきますからね。

逆に、提案をしないと、そのお客様の満足度は下がってしまいます。

なぜなら、他のお店からはどんどん提案を受けているから。

何ひとつ提案をしないあなたのお店には**「物足りない」**と感じてしまうのです。

その結果、美に対して年間１２０万円使っている優良客は逃げていき、美に興味がないお客様だけが残ってしまいます。これでは単価アップは望めません。

このような話をすると、「私は美容師なので、宝石を売ることには抵抗があります」という方がいますが、もう少し頭を柔らかくして考えてみてください。

とくに日本人は真面目な方が多いようで、１つの業種で開業すると、職業を**固定化**してしまう人が多いですね。

ちなみに、私の会社のメイン事業は「ニュースレター作成サービス」ですが、それ以外に「販促ツールの制作業務」や「情報サービス」なども販売しています。

それらのサービスは、多くの方にご好評をいただいております。「ニュースレター作成サービス」の会員さんも高い確率で購入していただいており、とても喜ばれています。

このように、お客様にとって有益な商品やサービスであれば、**職業を固定化せずにどんどん提案をするべきです**。

もちろん、購入を判断するのはお客様ですから、そこで購入しない人もたくさんいます。それでも、多くのお客様から「いつもいろいろな提案をしていただき、ありがとうございます」という感謝の言葉をもらうことが増えました。

提案することは、お客様にとって**大きな喜び**につながるのです。

世の中には、「美容室で宝石を販売してはいけない」というルールはありません。

宝石好きなお客様がいれば、仕入ルートを探して、**お客様のヘアースタイルに合った宝石**を提案してください。これは美容室だからこそできる提案となるし、お客様にも喜びを提供できます。

また、何よりもあなたのお店の売上アップに貢献します。

ビジネスで成功している人の多くが、**「売れるものは何でも売ります！」**と言います。

貪欲に提案してお客様の満足度を高めると共に、お店の売上アップを目指しましょう！

客数はそのままで、一気に売上げを2倍にする方法

お客様に**さらなる提案**をして、成功した事例は他にもあります。

次ページをご覧ください。愛知県東海市でダイエットプログラムを販売している整体院の事例です。整体師が行なう**ダイエットプログラム**として、今全国で注目を集めています。

ダイエット商品はサプリメントや映像商品、書籍、スポーツジムやエステサロンでも取り扱っている激戦区の商品ですが、「整体師が行なうダイエットプログラム」という魅力的な商品の価値を伝えることで、決して安い価格帯ではないにもかかわらず、長年**行列待ち状態**が続いています。

具体的には、毎月「整体」を目的に訪れる数百人のお客様に対して、30万円以上の**B3ダイエット**というダイエットプログラムを販売しています。B3とは、BIG3と呼ばれるダイエット効果が最も高い3つの筋肉（胸・背中・大腿）のことで、この3つの筋肉を使った

体のプロフェッショナル 整体師のダイエット

東海市で成功者続出！

「今まで色んなダイエットを試したけれど効果がなかった…」

「ダイエットしてもリバウンドしてしまう…」というあなたへ

体のプロフェッショナルである整体師が開発した

をご存知ですか？

ダイエット効果が最も高いといわれる3つの筋肉（胸・背中・脚）をBIG3（ビッグスリー）と呼び、これを鍛えるダイエット法がB3ダイエットです。具体的には、3ヶ月間、マンツーマンでトレーニング・医学的な食事（栄養）指導・体のケア（整体）を行ないます。
また、ダイエット終了後にはリバウンドしないための知識を身につけて、生活習慣に組み込んでいくまでの方法をご指導させていただきます。
全てのメニューが体のプロフェッショナルである整体師が開発したものなので、他サービスよりも格段に高い成功率を示しています。

はじめまして。B3ダイエット東海スタジオの寺平義和です

実は、私は以前、体重113kg（体脂肪率36%）でした。そんなある日、B3ダイエットに出会い、40kgものダイエットに成功しました。そのお陰で、人生が大きく変わりました。人間関係においても、仕事においても全ての面で豊かな人生を手に入れることができました。もちろん、健康面においても。

「この体験を1人でも多くの方にお伝えしたい！」この思いから、私自身がB3ダイエットのトレーナーになることを決意しました。今現在、B3ダイエット東海スタジオでは50名以上の方がダイエットに成功しています。

当スタジオでは、今「無料カウンセリング&プチ体験会」を行なっています。キレイな体、かっこいい体、健康的な体を手に入れたいあなた、お気軽にお問い合わせください。

太らないお菓子をご用意してお待ちしております。

B3ダイエット東海スタジオ

〒477-0031 愛知県東海市大田町後田212-2 太田川ビル1F
TEL/FAX 0562-32-1242　E-mail info@teradaira.com
http://teradiet.com/　B3ダイエット東海スタジオ　検索

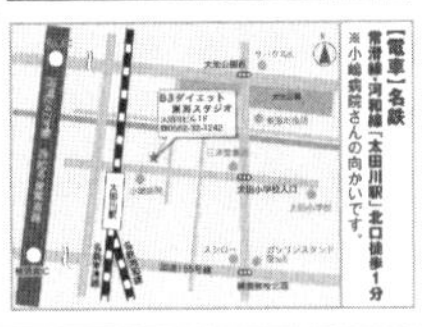

B3ダイエット東海スタジオ
愛知県東海市大田町後田212-2 太田川ビル1F
https://teradiet.com

トレーニングを行なうことによって、ダイエット効果を最大限に高めることができるマンツーマンサービスです。

それだけではありません。プログラム期間中は個別に栄養指導を行ない、正しい食事法を身につけていただく他、整体で体の歪みを矯正すると共に、トレーニング後は整体で体のケアを行ないます。

整体師が行なうダイエットプログラム……とても魅力的な商品だと思いませんか？

それでは、Ｂ３ダイエットはなぜ行列待ちになるほど売れているのでしょうか？

商品が魅力的だから？

はい。それも正解ですが、実はもうひとつ売れている理由があります。

それこそが、**お客様の信頼感と満足度です**。

Ｂ３ダイエットを販売している寺平（てらだいら）さんは、これまで長年整体院を運営してきました。来院するお客様に対して、魅力的な商品（整体）を提供し続けることによって、寺平さんとお客様との間には大きな信頼感が生まれると同時に、満足度も上がっていきました。

そのような状況の中で、新商品であるＢ３ダイエットを提案したため、**整体のお客様がす**

ぐに反応したのです。

繰り返しますが、世の中にはダイエット商品がたくさんあります。Ｂ３ダイエットと似たような商品は数え切れないほど存在しています。全国的に有名なあの商品もそのひとつですよね。

だから、寺平さんがお客様に対してＢ３ダイエットを提案しなければ、彼らは他のダイエット商品を購入していたかもしれません。全国的に有名なあの商品は、Ｂ３ダイエットと同レベルのサービス内容で数百万円以上かかる場合もあるそうです。それに対して、Ｂ３ダイエットはかなり親切な価格設定と言えます。

また、これまでにＢ３ダイエットを受けたお客様のほぼ１００％がダイエットに成功しています。

以前から、整体師として信頼できる寺平さんがＢ３ダイエットという商品を提案することで、お客様に対して価格面でも心理面でも大きなメリットを提供しているということです。すると、**お客様の満足度はさらに上がります。**

今までは整体だけでしたが、ここに「ダイエットがうまくいった」という要素が加わるからです。

もちろん、お店の利益も劇的に向上します。事実、寺平さんの整体院では、売上げが一気に2倍になり、利益率も劇的に向上したそうです。

整体のお客様がＢ３ダイエットを購入してくれるので、**客数はそのままで**。これが、「さらなる提案」の威力です。

とくに、これまで長年店舗経営をしてきた方にはすでに大きな信頼感があり、ほとんどのお客様があなたのお店に満足しているはずです。**つまり、準備は整っているということ**。

あとは、お客様がのどから手が出るほどほしい商品を用意し、それを提案すればいいのです。

それにより、お客様の信頼感と満足度はさらに上がり、あなたのお店の利益も最大化することができます。ぜひチャレンジしてみてください！

なお、Ｂ３ダイエットの成功から、寺平さんは書籍『ビジネスマンのためのＢ３ダイエットであなたも必ずやせられる！』（同文舘出版）の出版まで実現しました。

興味がある方はお読みください。

結局、新規集客をする必要がなくなった……

ここで改めて考えていただきたいのですが、**あなたはなぜ新規集客をするのですか？**

利益アップのため……？

いいえ、ほとんどの新規集客では売上げは上がるものの、利益はそれほど増えません。場合によっては、赤字になる可能性もあります。

それではなぜ、世の中のお店や会社の多くが新規集客を行なうのでしょうか？　その答えは、**余白があるから**ではないですか？

たとえば、次のような美容室があるとします。

主力商品は、カット・カラー・パーマの3種類。

計算しやすいように、カット・カラー・パーマそれぞれの施術時間を1時間、それぞれの販売価格を1万円とします（実際はそのような価格設定はほとんどあり得ませんが）。

このお店で働くスタッフ数は、オーナーを含めて3人です。この3人は、毎日8時間ずつ労働することとします。つまり、このお店の1日の総労働時間は24時間ということです。

一方、お店に来店する客数は平均で1日10人とします。

今現在、この10人のお客様はすべてカットだけを注文しています。

すると、お店の総労働時間が24時間であるのに対して、施術にかかる時間は10時間ですから、14時間余ってしまいます。

……だから、新規集客していませんか？

これは**「新規集客＝余白を埋める作業」**と考えれば、わかりやすいかもしれません。

毎日14時間分の余白があるから、「新しいお客様を獲得しよう！」と思うのではないですか？

それでは、この10人のお客様全員がカット・カラー・パーマを注文したらどうなるでしょう？

施術にかかる時間は30時間となり、6時間足りない状況になってしまいます。つまり、3人のスタッフさんが毎日2時間ずつ残業しなければならない状況となります。

その状況で新規集客をしようと思いますか？

きっと、思わないはずです。

この状況で新しいお客様がやって来ても、そもそも席を確保できないし、お店の売上げもしっかりと上がっています。

また、新規集客にかける広告費や割引は一切必要ないので、利益も増えています。それだけではありません。今までカットだけを注文していたお客様に比べて、カット・カラー・パーマのすべてを注文するお客様のほうが、満足度が上がる傾向にあります。

なぜなら、カットだけよりも、カラーとパーマにも満足するから。

トータルの満足量が増えるんですね。

つまり、お金を払えば払うほどお客様の満足度は上がるということです。

そうなると、クチコミや紹介が生まれるようになります。お客様の満足度が上がっているから当然ですよね。

その結果、お店側が頼んでいるわけでもないのに、お客様が家族や知人を連れてきてくれるようになります。つまり、客数が増えるということです。

ここまでの話をまとめます。

まず、「1対多の販売促進」と共に「1対1の販売促進」を行なうことでお客様のリピート率を高めます。

同時に、お客様の信頼感と満足度を上げる努力をすることで、客単価を上げていきましょう。

これがうまくいくと、あなたのお店の利益率は格段に向上しているはずですが、ここで「さらなる提案」を行なってください。

「さらなる提案」は、新規客ではなく既存客に対して行なうものなので、広告費はほとんどかからず、ただ単にお店の売上げと利益が増えていきます。

これにより、お店の利益とお客様の満足度が**最大化**されます。その結果、あなたのお店では何が起こると思いますか?

私は長年、日本全国の企業や店舗を取材してきました。主な目的は、書籍執筆における取材と有料情報サービスの映像収録です。

これまでに、数百もの成功企業を取材してきた中でわかったことは、そのほとんどのお店が、お客様の信頼感と満足度を上げることに尽力してきたということ。

それにより、お店側はほとんど何もしなくても、どんどん新しいお客様が増えていったそうです。

彼らの多くが、異口同音に同じ言葉を口にします。

「結局、新規集客をする必要がなくなった……」

これこそが、**「0円販促経営」**を実現する方法なのです。

片方だけのイヤリング

これは実話です。

ある日、福岡県の地方の宝石店に1人の男性客がやってきました。50歳代くらいの中年の男性です。

その人はお店に入るなり、**古そうなイヤリング**を差し出しました。しかも、そのイヤリングは**片耳分**しかありません。男性は言いました。

「このイヤリングは片耳分しかないので、もう1つ複製してほしいのですが、できますか？」

店主は躊躇しました。第一印象はかなり古いイヤリングだったし、その商品はそれほど高価なものとは思えなかったからです。

近年、宝石業界ではリペア（修理）サービスが流行っているそうですが、それらはほとんどすべて価値が高い品ばかりです。高価な品だから、わざわざ修理をして使い続ける人が増えているのです。

しかし、男性が持ってきたイヤリングには宝石の石もありません。どちらかといえば、アクセサリーに類する低価格の商品でした。

そこで、店主はたずねました。

「なぜ、このイヤリングを複製するのですか？　はっきり申し上げて、この商品はそれほど値打ちがあるとは思えません。近くのショッピングモールに行けば、同等かそれ以上のイヤリングが数千円程で売られていますよ」

しかし、男性は頑なにイヤリングを複製してほしいと頭を下げます。

あまりに熱心だったため、店主はその依頼を受けることにしました。

「ただし、条件があります。このイヤリングを複製するためには、いくつかの素材を注文して作成する必要があります。概算で3万円ほどかかりますが、問題ないですか？」

すると、男性は笑顔で了承しました。

「3万円ですね。わかりました。できれば、なるべく早めに仕上げていただければうれしいです」

男性はそう言って、お店をあとにしました。

1週間後、ようやくイヤリングが完成しました。

男性に連絡をすると、すぐにお店に駆けつけ、商品を引き取りに来ました。

そのとき、男性の目は少しだけ潤んでいるように見えました。

そこで、店主は思い切ってイヤリングを複製した理由を聞いてみることにしました。

男性は少したためらった表情を見せた後に、静かにその理由を話してくれました。

「……実は、このイヤリングは私の母が大切にしていたものなのです。今は亡き父と初めてデートをしたときにもらったプレゼントだったそうです。

でも、時間の経過と共に片方のイヤリングを紛失してしまいました。

今、母は病気で余命は長くはありません。

そんな病床の母の両耳に、このイヤリングを付けてあげたいと思っているんです」

そう言うと、男性は深々と頭を下げてお店を出ていきました。

2章の冒頭で、「ビジネスは価値で勝負するか、価格で勝負するかの二択しかありません」と説明したことを覚えていますか？

毎日私たちが行なっているビジネスとは、いったい何なのでしょうか？

その答えは……

私は、ビジネスとは**お客様の生活をより豊かにする行為**だと考えます。

もっとわかりやすく表現すると、**お客様に「幸せ」を届けること**ではないでしょうか。

ショッピングモールに行けば、数千円で売られているほどの価値のイヤリングに対して、この男性は3万円をお支払いして喜んでいただけました。

ただ単に、素材の原価を足し算すれば、数百円程度の商品かもしれません。

でも、男性は3万円をお支払いして喜んでいただけました。

その先には、病床の母親が喜ぶ姿と、それを見て大きな幸せを感じる男性の姿が見えます。

あなたはお客様に「幸せ」を届けていますか？

4章のまとめ

- お店の売上げを上げる正しい順番は、①客単価アップ、②来店（購入）頻度アップ、③客数アップ
- 客単価を上げると、一時期的に客数は減るかもしれないが、その後お客様の満足度を上げることで、以前よりも多くの売上げ・利益を上げることができるようになる。
- 客単価を上げるために、信頼感と満足度を上げる努力をしよう。
- お客様には「物理的（金銭的）な喜び」よりも「心の喜び」を与える。
- お客様の信頼感と満足度を上げる販促企画とは、見返りを求めない企画。
- 紹介キャンペーンの成否は、「あなたのお店が、紹介するべきお店かどうか」にかかっている。
- 客単価と来店（購入）頻度が上がったら、「さらなる提案」をする。
- 商品の価格が高いか安いかの判断基準は人それぞれ異なる。
- 提案をしないと、お客様の満足度は下がってしまう。
- 「さらなる提案」をすることで、お客様の満足度とお店の利益が最大化される。
- 新規集客＝余白を埋める作業。

- **お金を払えば払うほど、お客様の満足度は上がる。**
- **お客様の満足度が最大化されると、自然と客数が増えていく。**
- **ビジネスとは、お客様に「幸せ」を届ける行為。**

Column 7 セミナーで新規集客

セミナーを使って新規集客することができれば、おそらくどのような商品でも売れるようになります。実際、私もセミナー活動を行ないながら商品販売を行なっています。

「商品販売を行なっている」というより、**売れてしまうのです**。強い売り込みをしなくても。

ある意味、セミナーは**最強の新規集客法**と言えます。

そこで、セミナーで商品が売れる理由についてご説明します。

セミナーでは、**販売者が先生となり、参加者（見込み客）が生徒という立場になります**。

この関係性が、その後のセールスをスムーズにしていきます。

もちろん、セミナーですから、商品販売が主体となってはいけません。

あくまでも、参加者が有益と感じる情報やノウハウをお伝えすることが目的となります。

たとえば、保険営業マンがセミナーを行なう場合は、「お金にゆとりがある人生をおくる方法」や「年金を心配せずに老後を快適に過ごす方法」といったタイトルで、消費者が有益となる情報を提供しましょう。セミナーの参加費が無料でも、貴重な時間をつくって参加していただいているわけですから、セミナーでは有益な情報をお伝えしなければいけません。

……**しかし、実はここが最も重要なポイントなのです**。

セミナーで有益な情報をお届けすればするほど、その営業マンに対する**信頼感**が高まります。そして、最終的に「保険に加入するなら○○さんにお願いしよう」と感じるようになります。

そう。**セミナーでは「商品」を売るのではなく、「信頼感」を売るのです**。

これがうまくいくと、商品の売り込みをしなくても、商品が売れるようになっていきます。

ただし、注意点もあります。セミナーを開催する最終目的が「商品販売」であるならば、**セミナーの内容と商品の内容を関連づける必要があります**。

たとえば、最終的に「保険」という商品を売りたいのであれば、「老後を快適に過ごす方法」を話しつつ、最終的に参加者に「そのためには、○○さんの保険に入ればいいのだな」と感じさせる流れ（構成）をつくる必要があります。

また、セミナー後に電話やメールなどでフォローをすることも重要です。ここでも「売り込み」ではなく、セミナーに参加していただいた感謝の気持ちを伝えるようにしてください。セミナー後のフォローまで行なえば、その後の成約率はさらに上がります。

通常の営業の場面では、「1対1の図式」であることが多いのですが、セミナーを有効活用すれば、「1対多の図式」をつくることができるので、1回のセミナーで**多くの売上げ**を上げることも夢ではありません。

Column 8 近隣店舗とコラボレーションで0円販促

世の中には**集客で困っているお店**がたくさんあります。

そこでおすすめするのが、**近隣店舗とのコラボレーション企画**です。

たとえば、あなたのお店のメインの客層が「女性」である場合、同じく女性客を求めている近隣店舗をリストアップします。

女性がよく行くお店といえば、美容室やエステサロン、レストラン、カフェ、スーパー、スポーツジム、化粧品店などさまざまな業種があります。それら同じターゲット客を求める複数のお店とコラボ企画を行なうことで、お互いに売上アップを目指すのです。

仮に、1つの店舗に1000名の顧客リストがあれば、5店舗合同企画なら5000名のリストが集まります。そのリストに対して、DMやメルマガ、LINEなどさまざまな方法で企画のお知らせをします。

5店舗合同企画だから、DMをつくる費用も5分の1ですむ上、最大で5倍の集客が見込めます。

やらない手はありませんよね。

ただし、コラボ企画には注意点もあります。

まず、企画の内容は**ターゲット客が喜ぶ企画**であること。

自分たちの利益よりも、お客様が喜ぶ企画を優先して考えましょう。

シンプルな企画としては、**スタンプラリー**が考えられます。

「参加店舗の中の3店舗に行ってスタンプをもらうと、○○○プレゼント！」という企画です。

お互いのお客様を送客することで、すべてのお店が利益アップを目指すことができます。

季節をテーマにした企画もいいですね。

「春の新生活」をテーマに、美容室やエステサロンでキレイになって、レストランでお祝いをする流れを、ひとつのパッケージとして商品化するのです。

このようなセット商品をつくっても、1店舗ではなかなか売れませんが、5店舗で一斉に告知活動を行なえば、成功の確率は格段に高まっていきます。

2つ目の注意点は**業種の重複を避けること**。

コラボレーションする店舗の中に同じ業種があると、お客様の奪い合いが生じる可能性があるので、コラボ企画をする場合は**1業種1店舗**が原則です。

また、コラボ企画の目的は参加店舗の売上アップですが、**それ以外の目的**を設けてもいいと思います。

たとえば、「企画で売上げた金額の5%を○○に寄付します」といった、地元施設や団体への寄付活動や支援活動です。このような社会貢献要素を含めると、企画へ取り組むモチベーションが上がるメリットが生まれるし、地元のマスコミに取材依頼をすることで、メディアで告知してもらえる可能性も高まります。

さらに、**コラボ企画が終了した後**も重要です。終了後は、企画の成否をしっかりと分析して、2回目の企画づくりをスタートさせましょう。うまくいった部分とうまくいかなかった部分を冷静に見つめて改善することで、2回目以降の企画の成功の確率を高めることができます。

また、1回目の実績ができると、2回目はさらに参加店舗が増えるかもしれません。そうやって、どんどん企画の規模を大きくして地域を活性化することで、より多くのお店が恩恵を受けることができるようになるはずです。

近隣店舗のコラボ企画は地域住民も喜ぶでしょう。近いエリアで買い物ができるほうが便利ですからね。

地域住民の「喜び」のためにも、**まずはあなたからスタートしてみませんか?**

5章

真に商売繁盛を実現する販売促進

いかがでしたか？

お客様のリピート率を上げると共に、信頼感と満足度を上げる努力をすることで、客単価が上がっていきます。その後「さらなる提案」を行なうことで、お店の利益を最大化させることができるようになります。

すると、お店の余白がなくなるので新規集客をする必要がなくなるし、お客様の満足度も最大化されていくので、紹介やクチコミでどんどん新しいお客様が訪れる好循環が実現していきます。1〜4章でこれらの内容についてお話ししてきました。

そこで、最後の章となる本章では、**「その後に行なうべき販売促進」**と**「行動する重要性」**について、私の体験談も交えてお話しいたします。

書籍を読んでも、セミナーを受講しても、その後に行動をしなければ何も変わりません。

しかし、私たち人間の脳は「変化しないこと」を好みます。

「今のまま」が一番安全であり、「変化」には危険が伴いますからね。

でも、安心してください。変化……つまり「行動」はそれほど危険なものではありません。

というよりむしろ、「行動」こそが生きている証であり、それこそが最も幸せな人生を歩む手段であることをわかりやすく解説していきます。

最後までじっくりとお読みください。

真に商売繁盛を実現する販売促進とは……？

会社やお店にとって最も重要な要素は**利益**です。

本書では何度も繰り返しお伝えしてきたことなので、利益の重要性は十分ご理解いただいていることと思います。

それでは、利益が増えればいったいどのようなメリットが得られるのでしょうか？

「会社経営はヒト・モノ・カネ」という言葉を聞いたことがあると思います。

会社を経営する上で最も大切な要素が「ヒト・モノ・カネ」という意味です。

一方、多くの経営者が抱える悩みもまた「ヒト・モノ・カネ」ではないでしょうか？

とくに「ヒト・カネ」の悩みを抱えている経営者が多いように感じます（胸に手を当てて考えてみてください）。

「なぜ、私が思っている通りに動いてくれないのだろう？」というヒト（社員やスタッフ）

に対する悩みと、「なかなか売上げが上がらない」というカネ（お金）に対する悩みです。

一方、モノで悩んでいる経営者はそれほど多くはありません。今の日本市場は成熟しており、あらゆる商品・サービスの完成度が高まっていますからね。

そう考えると、経営者の悩みの多くが「ヒト・カネ」に集中していることになります。

そして実は、「ヒト・カネ」というこの2つの悩みは、**利益を上げることでそのほとんどが解決してしまうのです**。

昔から「利益は百難隠す」と言いますが、まさにその通り。

利益が増えれば、当然カネの問題で悩む必要がなくなるし、ヒト（社員やスタッフ）に対しても優しくなることができます。

利益を生み出す原動力は、**社員の労働力**ですからね。

利益を生み出す仕組みづくりは経営者の仕事ですが、それ以降は社員が頑張って働いてくれることで利益が増えていきます。

「なぜ、私が思っている通りに動いてくれないのだろう？」というヒト（社員やスタッフ）に対する悩みは、「なぜ、思った通りに利益が増えないのだろう？」という言葉の裏返しです。

利益が増えないから、ついイライラしてしまう……。

しかし、社員の頑張りによってどんどん利益が増えたらどうですか？

イライラする必要はありませんよね。

というよりむしろ、社員に対する**感謝の気持ち**が芽生えてくるはずです。

「こんなに黙々と仕事をしてくれてありがとう」

きっと、そのように感じるはずです。

そして、そのような感謝の気持ちは、社員に確実に伝わります。

すると、社長に対する信頼感が上がり、仕事に対するモチベーションが高まっていき、さらに利益が増えていくことになります。

そんな好循環を実現するのが利益なのです。

もちろん、利益が増えれば、社員やスタッフの給料を上げることもできます。

社員教育のために研修やセミナーを受講させることもできるでしょう。すると、社員の販売力や接客スキルが上がっていきますから、さらにお客様が喜びます。

また、販売促進に対する考え方も大きく変化するはずです。

往々にして、利益がない状態で行なう販売促進はあまり成功しません。

とにかく、来月の売上げを上げるために行なう販売促進が増えるので、どうしても売り込み中心の企画になってしまうからです。売り込み……つまり、通常よりも安い価格で商品を販売する企画です。

このような企画では、ある程度の売上げが上がったとしても、多くの利益は得られません。するると、翌月には再び現金不足に陥り、連続的に割引キャンペーンを行なわざるを得ない状況になってしまいます。

まさに、**販売促進の自転車操業**です。

しかし、利益が多い状態で行なう販売促進には余裕があります。

来月の売上げを心配する必要がありませんから、**長期的な視点で魅力的な販促企画を行なうことができるのです**。

たとえば、美容室業界では、障害者施設や介護施設で定期的に**ボランティア美容サービス**を行なっているお店があります。その日はお店を休業日とし、1円の利益も得られないボランティア活動を行なうのです。

お店の利益に余裕がなければ、このような活動はできませんよね。

でも、消費者はしっかりとあなたの姿を見ています。

1円の利益も得られないボランティア活動を行なっているあなたたちの姿を。

そして、消費者はあなたたちの活動に感謝し、いつか**恩返し**をしたいと考えるようになります。

それが紹介なのか、クチコミなのかはわかりませんし、恩返しが1年後なのか5年後なのかもわかりませんが、いつか必ずあなたのお店に恩恵がもたらされます。

もちろん、ボランティア活動を目にした全員が行動をしてくれるわけではありませんが、その中の一部の消費者は必ず恩返しをしてくれるのです。

もちろん、美容サービスを行なうあなたたちは見返りを求めて活動しているわけではないでしょう。しかし、そうなるのが自然の摂理なのです。

また、ボランティア活動をすることで社員のモチベーションも上がり、間接的な利益アップに貢献するメリットもあります。

このように、あらゆる側面で恩恵がもたらされるのは間違いない事実なのです。


また、シンプルに**お客様が喜ぶ企画**を行なうお店も多いですね。

知人のお店では、年2回のペースでバーベキュー大会を企画し、そこにいつもご来店いただいているお客様を無料招待しています。いつもはお店の中でしか会うことがない店長やスタッフと、お店の外で一緒に食事をして、お酒を飲み、会話をするのです。

この特別な時間を共有することで、バーベキュー大会に参加したお客様の多くがファン客になるそうです。

とても魅力的な企画ですよね。

これこそが、**真に商売繁盛を実現する販売促進**です。

お店側にとってもお客様にとっても幸せな人生が実現していきます。

このように、利益が増えると販売促進に対する考え方も変化していくのです。

「大人の視点」で考える

弊社のメイン事業は「ニュースレター」です。ということはつまり、お客様のリピート率を上げてお店の利益率を上げることを強く訴求したいわけです。

そこで、「お客様のリピート率を上げる方法」と題したセミナーを企画することがあるのですが、これではなかなか参加者が集まりません。

一方、「新規客を集める方法セミナー」というタイトルにすると短期間で集客できます。

この差はいったい何だと思いますか？

それは、**参加者の興味度合の差**です。

多くの経営者が「お客様のリピート率を上げる重要性はわかっているけれど、その前に新しいお客様がほしいんだよね」と思っています。

しかし、ここまで本書をお読みいただいたあなたなら、すでにご理解いただいていると思いますが、まず最初に準備するべきことは**お客様のリピート率を上げる仕組み**です。

なぜなら、この仕組みが構築されないままに新規客を来店させても、当然リピート率は低いままで推移してしまうからです。

しかも、新規客からはほとんど利益が得られないので、ただ単に忙しい日々を送るだけになってしまいます。

さらに、その後もリピート客は現われないので、再び新規集客をしなければいけません。

あとは、これの繰り返し……。

サッカーでたとえると、試合でいつも2点取る（新規集客）けれど、3点取られて（失客）負けてしまうパターンです。

サッカーの世界では、常に成績がよいチームの特徴として**守備力の強さ**が挙げられます。

名監督であればあるほど、守備の強化から始める人が多いですね。

これは至極当然な考え方といえます。

繰り返しますが、サッカーでは2点取っても3点取られると負けてしまいます。しかし、守備が強いチームはなかなか失点しません。だから、あまり得点力がなくても勝ち点1（引き分け）以上を得ることができます。試合に負けなければ勝ちか引き分けしかありませんからね。

すると、どんどん勝ち点が積み重なっていき、シーズン終盤では上位グループに位置しているというわけです。

ビジネスにおいても、この**守備力（お客様を失わないこと）**がとても重要なのです。

ここで告白します。

私は今回の書籍を執筆するにあたり、**並々ならぬ決意**を持って取り組みました。

10年ぶりの執筆ということもありましたし、これまで私の人生を支えてきてくれた方々に対して恩返しをするためにも、この7冊目の書籍を必ずヒットさせなければならないという決意です。

そこで、本来であれば、まず最初の章で「お客様のリピート率を上げる仕組みづくり」について解説する流れ（構成）を考えていましたが、**その考えをやめました**。

先ほどもお話しした通り、「お客様のリピート率を上げる方法セミナー」を企画してもなかなかお客様は集まりませんが、「新規客を集める方法セミナー」を企画すると短期間で集客できます。

それは、参加者の興味度合の差です。世の中の多くの経営者が「リピート率アップ」よりも「新規集客」のほうに興味を持っているということです。

そこで、本書の構成を「新規集客」からスタートすることにしました。

映画では、最初の15分間が面白ければヒットする確率が上がると言われています。テレビドラマも同様です。第1話が面白ければ高い視聴率で推移するそうです。

つまり、**最初が肝心**ということです。

最近は、この考え方をセミナーにも応用しています。

「お客様のリピート率を上げる方法セミナー」では集客できないことがわかっているので、最近は「新規客を集めて利益を増やす方法」と題した**二部構成のセミナー**を行なうことが増えています。

最初に新規集客について話をして、後半では「そこで得られたお客様のリピート率を上げるとさらに利益率が上がりますよ」と説明するわけです。

すると、参加者の多くが「なるほど！」と納得してくれて、リピート率を上げる仕組みづくりに取り組んでいただけるようになります。

長年の経験によって編み出した手法です。

また、本書のタイトルも「0円販促」にしました。

私が最も強く訴求したいことは「リピート率アップ」ですが、タイトルの中に「リピート」という言葉は入れませんでした。なぜだと思いますか？

そのほうが、本が売れると判断したからです。

もちろん、「0円販促経営」というタイトルには意味があります。ここまで本書をお読みいただいたあなたなら、すでにご理解いただいていると思いますが、お客様のリピート率を上げる努力をしていくと、最終的に「0円販促経営」を実現することができるようになりますからね。

だから、私が言いたいこと（お客様のリピート率アップ）ではなく、お客様が求めていることを優先したのです。

実際に、あなたもこの本のタイトルや1～2章の内容に惹かれて本書を購入したのではありませんか？

もちろん、あなたをだますつもりは一切ありません。そうではなく、この本を通じて「本書を企画した裏の狙い」まですべてを公開することで、あなたへ**1つのメッセージ**を送りたいと思い、すべての種明かしをさせていただきました。

もう少しわかりやすく説明します。

時々、ファイナンシャルプランナーの方が「家計簿をつける方法」というタイトルのセミナーを開催することがありますが、多くの方が集客に苦戦しています。

その理由は、そもそも主婦の方は「家計簿をつけること」に対して興味を持っていないからです。

「家計簿をつける」という行為そのものは、それほど楽しいものではありませんからね。

そうではなく、たとえば「たった1年間で家族4人でハワイ旅行を実現する方法」と題したセミナーを行なえばいいのです。

最近は格安航空券もたくさん販売されており、家族4人でハワイ旅行に行く費用が40万円程度であるとします（1人10万円ですね）。

この費用を1年間で貯めるためには、毎月3～4万円を貯蓄できればOKです。

毎月3～4万円を捻出するためには、毎月の家庭の収支をしっかりと把握して、節約するべきところではしっかりと節約をすれば、捻出できない金額ではありません。

そのために必要なことが、毎月の家庭の収支をしっかりと把握すること。

つまり、**家計簿をつけること**なのです。

このような構成であれば、興味を持って参加してくれる人も増えるはずです。

ここでも、ファイナンシャルプランナーの方が言いたいこと（家計簿をつける方法）ではなく、お客様が求めていること（ハワイ旅行）を優先すればいいのです。

つまり、ビジネスを成功させるためには、常に**大人の視点**で考える必要があるということ。「家計簿をつける方法セミナー」を開催したものの集客できず、ブツブツと文句を言っている人は、おもちゃがほしいけれど買ってもらえず、泣き叫んでいる子供と同じです。

一方、賢い子供は「どうすれば親がおもちゃを買ってくれるだろう?」と考え、まず最初に勉強をがんばります。そして、テストで良い成績を収めることで、そのご褒美としておもちゃを手に入れることができるというわけ。

本当に手に入れたいものがあるのなら、それを入手できる方法を真剣に考えるべきです。そこで必要なものが**大人の視点**であり、これこそが本書を通じて、私があなたへ送りたいメッセージなのです。

1　新規集客を行なう

改めて、本書で説明してきた流れをまとめます。

2 「1対多の販売促進」でお客様のリピート率を上げる
3 「1対1の販売促進」でファン客を増やす
4 お客様の信頼感と満足度を上げる
5 さらなる提案を行なうことでお店の利益を最大化させる
6 「0円販促経営」が実現する

ここに1つ加えてください。

0 お客様のリピート率を上げる仕組みをつくる
1 新規集客を行なう
2 「1対多の販売促進」でお客様のリピート率を上げる
3 「1対1の販売促進」でファン客を増やす
4 お客様の信頼感と満足度を上げる
5 さらなる提案を行なうことでお店の利益を最大化させる
6 「0円販促経営」が実現する

現代＝難しい時代!?

「現代はとても難しい時代だ」と言う人がいます。

たしかに、理解できないわけではありません。

とくに戦後の高度経済成長期などは、店先に商品を並べれば売れていました。需要と供給のバランスで考えると圧倒的に物が不足している時代だったため、そのような現象が生まれたのです。

それほど工夫をしなくても、商品を仕入れてただ店先に並べれば売れるのですから、販売者にとってはとてもよい時代だったのかもしれません。

この古きよい時代はある程度長く続きました。

「戦後」という言葉がすっかり忘れ去られた時代に生まれた私が社会人になった頃でさえ、チラシを新聞に折り込めば自然と売上げが上がっていました。

「商売とは意外と簡単なものだな」

若い頃にそのように感じた記憶があります。

しかし、その後時代は大きく変化していきます。

日本ではバブル景気が終わり、瞬く間に物が売れない時代が到来しました。

さらに、インターネットの登場により世界中の人々のライフスタイルが激変しました。

それまで「商品はお店に行って買う」が当たり前だったのに、わずか数十年の間にすっかり様変わりしてしまったのです。インターネット通販の出現により、世界のどこにいても世界中の商品を手に入れることができるようになりました。

こうなると、**世界の同業者がライバルとなります**。

今までは同じエリアだけで競争をしていればよかったのですが、世界中の同業者がライバルになったら、様々な工夫をしなければ勝ち残っていくことができません。すると、世の中はどうなると思いますか?

競争力がある企業がどんどん勝ち進んでいき、それ以外の弱者が淘汰されていく**二極化の世界**になっていきます。まさに弱肉強食の図式です。

かつての商売のあり方と、インターネット主流の現代のビジネスを比較すると、まさに現代は**難しい時代**と言えるのかもしれません。

しかし、ある経営者団体の会合で、先輩経営者から痛烈な言葉をいただきました。

「現代は難しい時代だ、と言う人がいるけれど、それは泣き言だ。いつの時代だって簡単ではなかった。私たちの時代にはオイルショックがあった。売りたくても肝心の商品がないんだ。それに比べると今はよい時代だ。商品はいつでも日本中、いや世界中から仕入れることができる。工夫しだいでいくらでも稼ぐことができる時代だからね」

なるほど。言われてみるとその通りです。

先輩経営者はさらに続けます。

「いつの時代だって、稼ぐ人がいれば稼げない人もいる。それはその人たちの能力の差だ。まあ、稼げない人は暇な人なんだよ。つまり、努力していない人。それを時代のせいにしてはいけないよ」

つまり、わざわざ売れない理由を探し出して嘆いている暇があったら、努力や工夫をすることで稼ぎなさいと言っているわけです。

たしかに、稼げない理由を探す時間は無駄でしかありません。そんなことをしている暇があれば、稼ぐ方法を考えたほうが建設的です。

長い時代を生き抜いてきた先輩経営者の言葉には重みがあり、まるで後頭部をハンマーで殴られるほどの衝撃を受けました。

しかし、それでも私は「現代＝難しい時代」と思います。

それは、稼げない理由探しではありません。ありのままの事実を述べただけです。

私たちの世代はインターネットがある時代とインターネットがなかった時代の両方を経験しています。両方の世界の良い部分と悪い部分を知っています。

だから、インターネットが苦手な人の気持ちもわかるし、インターネットが当たり前の若い世代の気持ちも理解できます。ある意味、とても貴重な経験をしてきた世代だと言えます。

それら2つの世界を見てきた結論として、「現代＝難しい時代」であることは疑う余地がありません。

しかし、同時に**大きな可能性を秘めた時代**であるとも感じています。

先輩経営者の言葉の通り、いつの時代でも稼ぐ人と稼げない人がいます。

今後、あなたが「稼ぐ人」になったら、その後どうなると思いますか？

さらに圧倒的に稼ぐことができることを意味しています。

「世界中の同業者がライバルになった」という負の状況を逆の視点で見ると、「世界中で商品を売ることができるようになった」からですね。

つまり、現代は今までの時代では考えられなかった**可能性溢れる時代である**ということなのです。

それでは、圧倒的に稼ぐためには何をすればいいのでしょうか?

その方法論は、すでに本書で説明した通りです。

きっかけは……自分でつくる

ここまで本書をお読みいただき、誠にありがとうございます。

「0円販促経営」を実現する方法はすべてお話ししました。

あとは、行動するのみです。

書籍を読んでも、セミナーを受講しても、その後に行動をしなければ何も変わりませんので、ぜひ本書の内容を元に行動に移していただきたいと思います。

しかし、行動をすると何かが変化するため、失敗する可能性が生まれます。

私たち人間の脳はこれを恐れ、「変化しないこと」を好みます。

「今のまま」が一番安全ですからね。

しかし、変化……つまり行動はそれほど危険なものなのでしょうか？

私の娘（次女）は小学生の頃からサッカーをしています。私が大のサッカー好きだったことが少なからず影響しているのでしょう。

そんな次女を応援するために、小学生の頃は毎朝私と2人で朝練をしていました

暑い夏の日も、寒い冬の日も毎日。

すると、もともと運動神経がよかった娘はみるみるうちに上達していき、中学校では市内でも有数の強豪校のサッカー部に入部することができました。

さすがに強豪校ですね。夏休みの間の練習は、午前と午後の二部練を行なうほど練習量が多いのです。だから、福岡県内の大会では常に上位に位置していました。

しかし、世の中は広いものです。中3の夏、九州大会に進んだ娘のチームは1回戦で負けてしまいました。試合後、娘たちは皆泣いていました。恥ずかし気もなく、わんわん泣いていました。

そのとき、私は思いました。彼女たちはなぜ泣いているのだろう？　と。

そういえば、数週間前、九州大会への進出が決定したときも泣いていました。

喜んでも泣くし、悲しくても泣いているわけです。

その涙の理由は……、

毎日一所懸命練習したから。

毎日倒れる寸前まで練習をしたから、勝てばうれしいし、負ければ悔しいのです。

想像してみてください。まったく練習をしないままに試合をして負けた場合、涙が出るでしょうか？　まったく練習をしていないので「負けて当然だよね」と感じるはずです。

そう。彼女たちは「苦労」をしたから、「喜び」や「悔しさ」を味わうことができたのです。

……これが「生きている」ということではないでしょうか？

常に安全な場所で、何も行動をしなければ、当然危険もありません。

でも、そんな人生は面白くありません。

その証拠に、セミナー会場などで、昔スポーツをしていた人に対して「練習は辛かったですか？」と質問をすると、ほとんどの人が「辛かった」と答えます。

そこで２つ目の質問をします。

「今振り返ってみると、その辛かった練習をどのように感じますか？」

すると、ほとんど全員の方が「**やってよかった**」と答えます。

そう。**過去の苦労**は、時間の経過と共に**楽しい思い出**に変わるのです。

私は常に、**「苦労の量」と「幸せの量」は同じ**と考えています。娘のサッカーチーム同様、苦労をすればするほど、その後に得られる喜びが大きくなりますからね。

これは、仕事の場面でも常に意識していることです。

長年、会社を経営していると、辛いことや嫌なことに遭遇することがあります。でも、そのときはこうつぶやくのです。

「苦労の量と幸せの量は同じ」

この言葉をつぶやくと、なぜか辛いことや嫌なことが緩和されます。というより、辛いことや嫌なことがあると、つい笑顔になってしまうこともあります。

「しめしめ。これでまた幸せの量が増える」と。

だから、私は常に積極的に行動をするようにしています。常に変化を求めています。

行動はそれほど危険なものではないし、何よりも**生きている実感**を得られます。

また、時々「何かよいきっかけがあれば行動できるんだけど……」と言う人を見かけます。

きっかけを探すために異国に旅に出る人もいますよね。

彼らが求める**きっかけ**とは、いったい何なのでしょうか?

心を揺さぶるほどインパクトがある何か？　運命的な人との出会い？

私は独立起業したときから常に意識してきたことがあります。

それは、**きっかけは自分でつくる**ということ。

大学卒業後、私はサラリーマンになりましたが、その一方で入社当時から「いつか独立起業して、自分の力を試したい！」と考えていました。しかし、サラリーマン時代の会社はとても魅力的な会社で、なかなか退社を決断できずにいました。

そんなある日、私はある会社の社長と食事をしました。その席上で私は言いました。

「いつか独立起業しようと思っています！」

それに対して、その社長は応援してくれると思っていたのですが、返事は意外なものでした。

「いつかって、いつ？　本気で独立したいのであれば明日独立すればいいのでは？」

それは、まるで私のことを「口先だけ立派で、まるで行動しない奴」とでも言いたげな低いトーンの言葉でした。

たしかにその通りだったのです。いろいろな人に「いつか独立します」と言い、チヤホヤされることを小さな喜びとする一方で、独立のための準備は何もしていませんでした。

まさに、行動を開始するきっかけを探していたのかもしれません。

そして、私にとってはこの社長の言葉が行動を開始するきっかけとなりました。

しかし、その一方で、そんな言葉をかけられなければ独立さえ決められない自分に憤慨しました。

こんな中途半端な気持ちでは独立してもうまくいくはずがない！

猛省した私はその後、「きっかけは自分でつくる」ことを意識しながら生きていくようになりました。

どこかの誰から指示されて動くのではなく、常に自分で動き始めることにしたのです。

結局、きっかけとは何なのでしょうか？

それはほんの些細な**心の変化**に過ぎないと私は思います。そのほんの些細な心の変化を元に私たちは行動しているに過ぎません。

そのほんの些細な心の変化とは、**自分の心の変化**です。つまり、きっかけとは他者から与えられるものではなく、自分の気持ちの中に芽生える小さな変化ということです。

それはまるで軽くて小さなスイッチを押すようなものです。

そんな軽くて小さなスイッチなら、あまり深刻に考えず、そのままポンと押せばいいのではないでしょうか。自分の心の指で。

人生は決断の連続です。

そして、その責任はすべて自分にしかありません。

自分で決断したことで何か不都合なことが起こったとしても、それを他人の責任にすることはできません。結局、自分の人生を決めるのは自分以外にはいないということです。

それならば、自分以外の人や場所からきっかけを探すことにはあまり大きな意味はありません。

というより、そもそもきっかけは必要ないのです。

必要なのは、自分の心で決断するかどうかだけ。

きっかけがあってもなくても、行動する人はどんどん行動していきます。

だから、あなたも……

どんどん行動して、どんどん失敗して、人生を楽しんでください！

Column 9 実質3％割引「商品券で商品購入できる企画」で大ヒット！

私の趣味は、飛行機のマイルを貯めることです。

マイルを貯める主な方法は飛行機にたくさん乗ることですが、実はこれ以外にもマイルを貯める方法があります。

それは、日常生活でなるべく**クレジットカード決済**を選択すること。

アメリカや韓国では買い物のほとんどをカード決済できますが、日本はまだまだ現金好きな方が多いようです。

しかし近年、日本でもようやく**キャッシュレス**を推進する動きが出てきました。

ちなみに、私は飲食店などを選ぶ際にはクレジットカード払いができるお店の中から選ぶようにしています。つまり、カード決済できないお店は最初から除外しているということです。

今後、私のような人は確実に増えますし、すでにキャッシュレスは世界的スタンダードなので、今後クレジットカードや電子マネー決済ができることは、あなたのお店の売上げを上下させる大きな要因となるはずです。

また、カード決済には**客単価を上げるメリット**もあります。

たとえば、目の前にとても魅力的な商品があるとします。価格は3万円。しかし、財布には2万円しか入っていません。

ここでカード決済ができないとあきらめるしかありませんが、カード決済ができると購入してくれる確率が高まります。

事実、世界中のあらゆる企業が調査をしたところ、カード決済を導入したほうが売上アップに貢献するというデータが多くの国で得られています。

ちなみに、インターネット通販で売上げを上げる鉄則と言われているのが、**注文方法の種類を増やすこと**です。

ホームページのフォームからの注文はもちろん、電話やFAX、メールやLINEのメッセージなど、選択肢を増やせば増やすほど売上げが上がると言われています。

同様に、今後は**決済の種類を増やすこと**が必須事項となるでしょう。

代表的なところでは、現金払い・銀行振込・クレジットカード払い・電子マネーなどがあります。可能な限り選択肢を増やすことをおすすめします。

また、これ以外にとてもユニークな方法があります。

和歌山のある化粧品店で、**デパートやJCBなどの商品券で商品購入できる企画**を行なったところ、売上げが倍増したそうです。

デパートやJCBなどの商品券などを保持していて「なかなか使用する機会がない」と感じている消費者は意外と多いようです。

そのようなお客様に対して「デパートやJCBなどの商品券での購入もできますよ」とアプローチすればどうでしょう？

未使用の商品券は「お金」という感覚が薄らいでいるので、これがきっかけで商品購入を決断する人が増えるのは当然ですよね。

ちなみに、お客様から受け取った商品券は金券ショップなどで換金すると97％前後で買い取ってくれるので、実質的に**約3％の割引**で商品購入を促進させることができます。試してみる価値はありそうですね。

Column 10 「販促×節税」でさらに利益アップ！

弊社のメイン事業である「ニュースレター作成サービス」では、全国に200店舗以上の会員がいます。彼らはニュースレターを発行することで、利益アップを実現しています。

もちろん、すべての店舗が利益アップを実現しているわけではありませんが、かなり多くのお店が利益アップに成功しています。

すでに本書で説明した通り、ニュースレターを発行するとお客様のリピート率が上がり、利益率が上がるので、これは当然の結果です。

しかし、このようにして会社の利益が増えていくと、**税金（法人税）が増えていくデメリット**があります。

たとえば、1年間で300万円の利益が出れば、法人税率30%として約100万円もの法人税を支払わなければなりません。年間1000万円の利益なら300万円の法人税です。

ところが、納税する時期に会社の通帳を見てみると、そこには300万円もの現金は残っていません。そこで、「税金を支払うために借金をしました」という経営者もいるほどです。

これは、経営者であれば誰でも経験したことがあるのではないでしょうか？

そこで、おすすめするのが**節税**です。

世の中の経営者は「攻め＝売上アップ」は得意ですが、「守り＝経費削減や節税」は苦手と感じている方が多いようです。経費削減や節税は数字的な要素が多いので、「難しそう」

と感じるからかもしれません。しかし、よく考えてみてください。

営業利益率10％の会社が10万円の節税に成功したら、１００万円の売上げを上げたことと同じ意味になります。１００万円もの売上げを上げることは難しいですが、10万円程度の節税をすることはそれほど難しい話ではありません。

また、売上げはお客様の判断（購入や発注）が元となるので、これを１００％コントロールすることはできませんが、節税や経費削減は社長が「やる！」と決めれば明日からでもできる**１００％コントロール可能な施策**です。やらない手はありません。

ただし、違法な節税をしてはいけません（それは脱税です）。

私が言いたいことは、払うべき税金はしっかりと支払う必要がありますが、払う必要がない税金まで支払う必要はないということです。

節税によって会社の利益が増えるのであれば、社長や社員の給料を上げることもできますし、店舗の拡張や余裕がある販売促進でさらなる売上アップを目指すこともできます。

ちなみに、誰でも知っている日本のある大企業の税率は**2％**と言われています。

一方、私たち中小企業の多くが毎年30％もの法人税を払っています。

これはもともとの税率が低いわけではなく、大企業はさまざまな節税情報を集めてそれを実践することで、実質的な税率を下げているということです。

なかには専門部署を設けて節税を行なっている会社もあるほどです。

しかし、しっかりと情報を集めてそれを実践する努力をしているわけですから、反論の余地はありません。

そこで私は**「販促×節税 利益アップ研究会」**という情報サービスを運営し、「販売促進」と「節税」の情報を毎月お届けしています。なぜ、このような情報サービスを始めたのか?

と言いますと、私自身長年税金に苦しんできたからです。

「いくら売上げを上げても税金で現金不足に陥ってしまう……」

常にそのような悩みを抱えてきました。

だから、私は「節税」について貪欲に学ぶことにしました。専門家への取材やセミナーへの参加、書籍などからどんどん節税ノウハウを習得していきました。

すると、会社の利益率が劇的に改善されていったのです。売上げはさほど変わりませんが、「節税」をするだけで残る利益額が大幅に増えたのです。

しかも、「節税」はそれほど難しいものではありませんでした。足し算と引き算さえできれば、誰でも簡単に行なうことができることに気づきました。

そこで、これらの情報を幅広くお伝えするために、「販促×節税 利益アップ研究会」という情報サービスを運営することにしたのです。

ありがたいことに、こちらのサービスにも200名以上の会員がいます。常時会員募集は行なっていませんが、このサービスに興味がある方は、本書262ページの「読者限定特典」にお申し込みください。特典と共に無料メルマガ「販促アイデア大全集」をお届けし、年1～2回程度行なう会員募集情報をいち早くお知らせします。

今では、狙った時期に売上げを上げ、狙った利益を生み出すことができるようになりました。会社の売上げと利益を完全コントロールできるようになった感覚をひしひしと感じています。

そうなると、会社経営がますます楽しくなってきます。

そんな**楽しくて賢い経営**を実現する経営者が増えることを願って、これからも邁進していきます！

あとがき　「趣味の話を少々……」

本書を最後までお読みいただき、誠にありがとうございます。

そこで、本書の最後に少しだけ私の趣味の話をさせてください。


私は大の歴史好きです。とくに好きな偉人は、西郷隆盛と松平容保の２人です。（戦国武将も大好きですが、どちらかというと明治維新の時代背景に惹かれます）

戊辰戦争では２人は敵対し、結果的に西郷軍（新政府）が勝利しましたが、最後まで徳川幕府を守り抜く姿勢を貫いた松平容保の生き方には尊敬の念を感じずにはいられません。

また、西郷隆盛の最期も壮絶でした。

明治維新により「武士」という階級がなくなったため、全国の武士たちの不満が高まりました。

なにせ、それまで２７０年間続いた封建社会（という社会システム）が一気に様変わりしたのですから、そこに軋轢が生じるのは当然でしょう。

そこで、西郷隆盛は立ち上がります。今度は新政府と相対し、国内最後の戦争と言われる西南戦争を引き起こすのです。

しかし、力の差は歴然で、西郷隆盛は鹿児島市の中心部にある城山で自害します。

これにより、全国の不平士族たちはすべてを悟りました。

「あの西郷さんでさえ勝てなかったのだから、もうあきらめよう」

こうして、新しい日本が誕生しました。現代に続く自由な資本主義社会です。

ここから先は私の想像ですが、おそらく西郷隆盛は全国の不平士族の怒りを収めるために、はじめから負けることがわかっていた戦いに挑んだのではないでしょうか。

自分の死と引き換えに、日本という国を変える決意をしたのだと思います。

一方、敗戦により「賊軍」の汚名を着せられた松平容保ですが、明治時代になると天皇より名再興が許され、その功績が称えられたものの、死ぬまで戦争について弁明することはなかったそうです。松平容保もまた最期まで戦い抜いたのです。

私は、この2人の「人生をかけた戦い」によって今の日本が切り開かれたと考えています。

ちなみに、教科書でも有名な薩長同盟の締結から江戸城無血開城までは、わずか3年間しかかかっていません。

坂本龍馬が亀山社中を設立し、大政奉還を成し遂げるまでの期間も3年間です。

無名の志士が全国にその名を轟かせ、革命を成し遂げるまでに要した時間は、たったの3

年間だったのです。

きっと、私たちも変われるはずです。

成し遂げたい夢を持って、誰よりも熱く走り続ければ、きっと。

たった3年間で、人は何者にでもなれるのだから。

あなたにとって、本書がその「最初の一歩」となれば、望外の喜びです。

最後に。

常に私の人生を支え続けてくれる日本全国のクライアントと会員のみなさま、経営者仲間、前職の上司である株式会社ゼネラルアサヒの藤社長、松岡会長、「著者リンピック」のメンバー、そして本書を編集していただきました古市編集長に心より感謝の気持ちを伝えたいと思います。

また、弊社社員である森田、4人の両親と最愛の妻、2人の娘にも。

ゆく、ふき、たくさんの幸せをありがとう。

そして、本書をお読みいただいた皆様へ最大級のお礼を述べたいと思います。
本当にありがとうございました。

著者略歴

米満 和彦（よねみつ かずひこ）

株式会社ザッツ 代表取締役
1969年鹿児島市生まれ。鹿児島大学卒業後、西日本最大手の印刷会社㈱ゼネラルアサヒに入社し、徹底的にマーケティングを学ぶ。2001年4月、デザイン会社として独立起業するものの、受注に苦戦。その後「売り込み型営業」から「売り込まない営業」にシフトしたところ、全ての見込み客からの受注に成功!この体験をきっかけに販促ツール「ニュースレター」をメイン事業化する。今では、中小企業・店舗の最大の武器である「人・情熱」を最も的確に訴求できる販促ツール「ニュースレター」作成・指導の第一人者として、全国で「ニュースレター作成サービス」を展開し、200以上の企業・店舗が導入。多数の成功事例を生み出している。2018年には会社経営において最も重要な要素となる「利益」を拡大するための情報サービス「販促×節税 利益アップ!研究会」を運営開始。日本全国の中小企業・店舗の「利益増大」を実現するために尽力している。
主な著書に「ひと味違う販促企画アイデア集」「0円販促を成功させる5つの法則」「不景気でも儲かり続ける店がしていること」「最新版 売れる&儲かる!ニュースレター販促術」（全て同文舘出版）等がある。
趣味は、サッカー観戦・宇宙・日本史。妻と娘2人の4人家族。福岡と東京を中心に活動中!

■販促アイデア大百科　https://hansoku-idea.com
■ニュースレター作成支援サービス　https://newsletter55.com
■商売繁盛大辞典　https://shinkisyukyaku.com

「0 円販促」を実現する法

2023 年 3 月 24 日　初版発行

著　者 —— 米満　和彦

発行者 —— 中島　豊彦

発行所 —— 同文舘出版株式会社

東京都千代田区神田神保町 1-41　〒 101-0051
電話　営業 03（3294）1801　編集 03（3294）1802
振替 00100-8-42935　http://www.dobunkan.co.jp

ISBN978-4-495-54135-4

印刷／製本：萩原印刷　Printed in Japan 2023

読者限定特典

この度は「0円販促経営」をお読みいただき、誠にありがとうございます。感謝の気持ちとして「読者限定特典」をプレゼントします。本書でお話ししました販売促進ノウハウをさらに加速させる上に経営が楽しくなる特別映像です。是非ご視聴ください。

有料会員だけに公開した特別映像

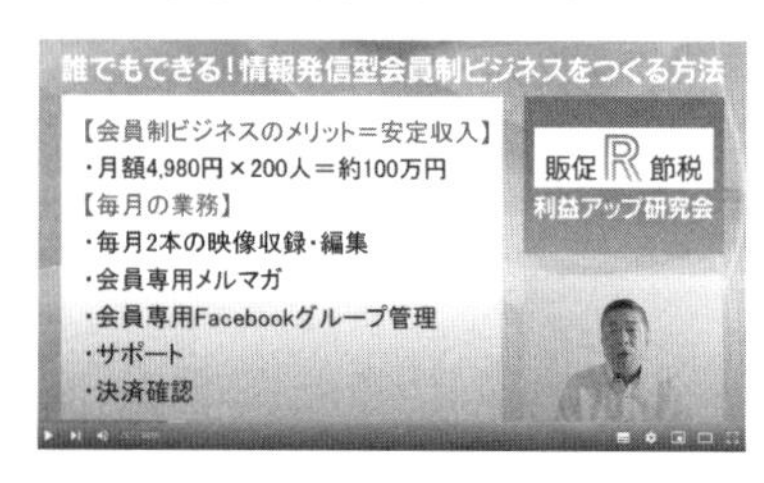

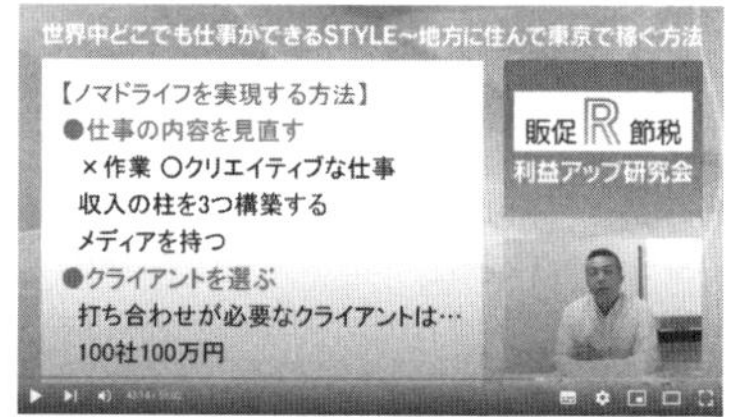

情報発信型会員制ビジネスをつくる方法（38分間）

借金は返す必要がない！？借金の6つのメリット（51分間）

世界中どこでも仕事ができるSTYLE（59分間）

ホームページまたはQRコードからアクセスしてください

https://shinkisyukyaku.com/toku/

※本企画は予告なく終了する場合があります。ご了承ください。